小孟老師的塔羅社會檔案

78張塔羅牌預言的人生故事

塔羅牌專家　小孟老師 著

高寶書版集團

目錄

Chapter 4 錢幣牌組（Pentacles Suits）

Chapter 5 寶劍牌組（Swords Suits）

Chapter 6 關於塔羅牌

前言

在景氣不好的社會裡，很多人都認為自已際遇不好，遇到不如意時，很容易想不開覺得永遠無法走出困境，其實在占卜館裡，我算過數萬個客人，有些人從高處跌落谷底，也有人是從谷底再次爬至高處。

很多客人都認為自己的命運是最悲慘的，但當你閱讀此書時，你會發現很多人從小就經歷了許多不幸，在成長過程中，甚至還遇見眾多小人阻礙，但他們憑藉著信念與毅力，爬上自己人生的巔峰，這些人也都紛紛在占卜室裡向我透露真實的自己。

在占卜過程中，客人是最容易有情緒起伏的。因為當他們聽見我分析他們抽到的塔羅牌，總會對應到自己過往所發生的事，不免勾起過去的某些辛酸血淚。占卜師將客人的命理諮詢內容書寫出來，容易被認為缺乏職業道德，因此翻閱眾多塔羅牌書籍時，很少看到占卜師願意開誠佈公的公開客人的案例。但我認為這些故事能啟發很多人，讓他們在面對人生困境時，能用更開闊的視野，與更有智慧的方式，越過自己的低潮，並且也能加以自省。

此外本書揭露出社會底層的悲哀，及不同工作領域民眾所面對的挫折與際遇，相信能帶給讀者不同以往塔羅牌書只著重解牌技巧的內容，更能透過塔羅牌占卜出不同的人生，也能使讀者理解，原來世界上還有有這樣奇特與玄妙的遭遇。

此書後半部是我將塔羅牌教育系統整理集結成的精華版，讀者能學習到塔羅牌七十八張完整系統與基礎概念，我參考國內外塔羅文獻，萃取出每張牌正確的關鍵字與塔羅牌洗切牌快速技巧，希望正在學習塔羅牌的讀者，能將我的牌陣解讀方式做為另一種參考。我期盼能將塔羅牌發揚光大，也期許自己能持續精益求精，更上層樓，透過此書服務更多需要塔羅牌指引方向的社會人士。

Chapter 1

王牌（Trump）

客人檔案：占卜師的誕生

0號 愚者牌

牌義：率性的、新的開始、貴人相助、蒸蒸日上、未知的旅程、懵懂無知

此牌是所有塔羅牌的第一張牌，○這個數字象徵開始，也代表著結束，也像剛出生的小孩踏上未知的旅程。

我的童年在高雄度過，那時我一直見到一位賣肉粽的婆婆，時常對我微笑，也會來看我和鄰居玩彈珠。每晚都有好多大姐姐與大哥哥會在房間裡，和我一起玩，還說故事給我聽。但這些人除了我之外，都沒有人看過。我告訴家人，好多人陪我玩，他們反而帶我去廟宇問事，所以我小時候到過無數宮廟，甚至也被帶到眼科檢查，不過都沒有查出原因。

除此之外，從小到大，我一直大病不斷。七歲那年，同學甚至開始懷疑我精神異常，因為我開始看見人身上會發光。隨著年齡增長，我明白千萬不要告訴別人，你看得到那些異象，因為很多人會覺得你很怪，也不敢晚上和你一起出門。當時我的生活很像此牌的主角站在懸崖邊，不知往後的日子會有什麼樣的考驗。

長大後我開始想用科學方式去驗證，說服自己以往所見都是眼睛構造缺陷所造成的。直到我和同學在新崛江吃麵時，有一位乞丐婆向我乞討，我拿了錢給她，她告訴我：「你以後有重要的事情要辦，上天給你的一切，都是在考驗你，將來要以宗教的面向，善用上天給你的一切。」

那時我只當作怪力亂神，心想或許她這套說詞也跟很多人說過吧。現在回想，這位婆婆很像愚者牌中的小白狗，牠告訴主人前方有懸崖要當心，但我知道不用怕，因為牌中的太陽（上天）會照耀我，祂對我有所安排，也會考驗我的一切，懸崖就代表一種人生的考驗。

大約民國八十八年後，星座與塔羅牌的書大為流行，許多年輕人都對此十分好奇。某天去台南找朋友時，朋友說：「我買了一副塔羅牌，但不想要了，書中說牌不可以亂丟，不然會發生壞事，所以我想轉送給你。」那時我心想，竟然有人想將壞事轉嫁給我，無奈收下之後我也不敢亂丟，因為不懂用法，只好一直塵封在家中頂樓。

後來我到台南讀二技時，覺得生活無趣，又想起了那副塔羅牌，於是我便嘗試幫室友算塔羅牌，大家都覺得很準。大約二個月後，上門來占卜的已到上百人，很快的一傳十，十傳百，很多人聚集在宿舍的會客室等我，因為太多人了，一度還被房東驅離。

但因為太沉迷算塔羅牌，終於影響到我的身體健康。我決定封牌，繼續升學。某一天，在生病高燒不退時，我夢見了七星娘娘。七星娘娘告訴我：「你將來會讀台中的學校，到台中之後，你會展開新的人生，要相信神與你同在。」

我果然考上台中的學校，揹起行囊抵達台中，就像牌中主角一樣開始未知的旅程。

客人檔案：原住民天后

3號 皇后牌

牌義：保護、孕育、呵護、貼心、掌握、不求回報、灌溉

二〇〇六年，台北東區的夏天夜晚，一位膚色非常黝黑、打扮華麗、穿著原住民的衣服的女子來找我，她看到我就高興的說：「老師，我預約了好久，終於輪到我了！」

當下我拿起塔羅牌在她頭頂上繞了幾圈，她選了兩張牌，其中一張是讓我印象深刻的皇后牌。我問她說：「有個人在妳的潛意識中揮之不去，而且這個人一直在保護妳。」

她想了想說：「是不是我阿嬤？」

我便回她：「那要問妳自己呀！」

接著她便說：「老師，我是一位歌手，但一直發片都不順，我想要請問我是不是應該放棄發片，在PUB駐唱就好了？」

我跟她說：「那妳再選一張牌。」

說也奇怪，她還是抽到皇后牌，於是我說：「此牌在塔羅裡問工作是會大紅大紫的。」

她回我：「但是我在錄唱片時，製作人說我都沒有讓人動容的聲音。老師，我該如何克服這個難關？」

我跟她說：「妳剛剛不是認為，一直在保護妳的人是妳的阿嬤嗎？要不要談談妳的阿嬤，或許妳會找出答案。」

她忽然流下眼淚，對我搖頭說：「我不想談到她，我怕我會崩潰。」

我說：「想要突破妳的歌唱瓶頸，就要勇於面對妳的心魔，如此妳才能登峰造極。」於是她卸下心防，娓娓對我道出她最不想觸碰的回憶。

× × ×

我是原住民，一出生當天，我的哥哥就跌到山崖過世了。於是我的父親去找山上的巫醫，巫醫跟他說：「你的女兒是山上的惡靈轉世，你要把她送走，否則家族中會再有人過世。」

我的父親跟我母親討論後，決定要把我送下山給人養，但阿嬤堅決反對，她說：「除非我死，否則無論如何拚老命，我都要親自養我孫女。」由於阿嬤的堅持，換得我繼續留在這個家裡。

我的父母親害怕巫醫說的，於是他們搬到山下去住，只剩我和年邁的阿嬤一起生活。在族裡，大家都叫我魔女，族裡的大人，都跟他們的小孩說：「千萬不要和她一起玩，她會剋死人。」阿嬤告訴我：「不管別人怎麼看妳，妳永遠都是我的孫女。」

每天夜裡我都很害怕地躲在棉被裡哭，從那時起，我就很少跟人講話，於是只好把情緒發洩在歌唱上。

我的父母親一直很少來找我，他們很怕看見我，阿嬤問我說：「乖孫仔！妳以後想做什麼呢？」我回答：「我要當歌星，想要讓族人以我為榮，我要讓父母親知道我的成就，等我紅的時候，我要賺很多錢給阿嬤，給阿嬤買新衣服。」

阿嬤說：「乖，只要妳能快樂，做什麼，阿嬤都會很開心，如果有一天，阿嬤無法照顧妳了，一定要原諒妳的父親。」

十八歲時，我告訴阿嬤，我要去台北闖蕩。阿嬤拿著她的戒指與首飾，到東部一家當鋪當了十萬元給我，叫我到台北要好好照顧自己。

我問阿嬤：「妳還有錢嗎？我這樣會不會很自私？」

阿嬤說：「乖孫！不會的，阿嬤自己種菜不會花到什麼錢，我把我最珍貴的東西都給妳了，記住我只要妳開心快樂就好！」

我到台北，找了PUB洗碗與服務生的工作。我問經理說：「我有機會可以上台唱歌嗎？」經理說：「妳長得不好看，還是先去洗盤子吧！」聽到這句話，我突然又想起族裡小孩拿石頭丟我的畫面，也突然很想念阿嬤。

二十歲時，我當上了PUB組長。一天，當天的駐唱歌手出了車禍，無法前來，因為那天是大牌駐唱歌手，所以現場已經滿座，又臨時找不到人上台。

我告訴經理：「讓我試試看吧！」

經理說：「若唱不好，妳就辭職，不要幹了！」

於是我穿著員工制服上台說：「因為某某歌手無法前來，由我來唱。」台下一片噓聲，並且走了不少人。然而，我一開口唱了《站在高崗上》，全部人眼睛一亮，掌聲大作，唱完後大家還喊安可！

這是我人生中第一次這麼有自信，我打電話給阿嬤，要告訴她，經理要我一個禮拜唱一天，但是阿嬤都沒接電話。一個月過去了，我突然在 PUB 爆紅，有一天我唱了一首《何日君再來》，突然看見我阿嬤坐在舞台下聽我唱歌，我聲淚俱下並大喊：「這位是我的阿嬤。」但當時很多人說：「那桌並沒有人。」

我覺得很奇怪，隔日我趕緊回山上，族裡的人說：「阿嬤死了一個多月了，都沒有人來埋她，最後是酋長出錢處理的。」我極度崩潰，只能一直探問，阿嬤妳現在在哪裡？

二十四歲那年，唱片公司執行長簽下我，但是等了三年音訊全無，現在終於他們要幫我錄製唱片了。但我很沒自信，他告訴我：「在唱歌時想想阿嬤，想想過去被人丟石頭的遭遇，或許妳的聲音會更有情感。」

× × ×

之後過了半年，她再來找我我：「謝謝老師，這是我的新專輯，而且我有入圍金曲獎喔！並且受邀到一個有全國轉播的典禮唱歌，我很害怕。」

我告訴她：「請妳想想阿嬤的話，她會坐在舞台下看見妳，並且為妳感到驕傲的。」後來她的知名度如日中天，高亢的嗓音贏得大家的注目，也獲得許多獎項。

二〇一一年，我到她駐唱的PUB，她看見我，很高興的在舞台上對聽眾說：「我的貴人小孟老師，你終於來了！」我點了《阿嬤的話》，讓她當日淚灑舞台，久久不能自已。當她唱到：「阿嬤妳今嘛在叨位，阮在叫妳妳甘有聽到……阮的認真甲阮的成功妳甘有看到，阮在叫妳妳知影沒……希望後世人阮擱會凍來乎妳疼……作妳永遠的孫仔……」

我在內心告訴她，記得皇后牌會一直在身邊守護妳。

—心靈小語—

用心去體會，誰曾經帶給你那份感動，你便能譜出屬於你的音樂與音符。人生很多事無法重來，有時過去的回憶，能幫你編織出更多的夢想，如果你相信人有靈魂，其實逝去的人一直都在默默地幫助我們。

客人檔案：演藝圈的酒店公主

6號　戀人牌

牌義：命中註定、有結果的、緣份、真愛、互相吸引、魅力、真命天子

二〇〇五年夏天夜晚，一位穿著火辣、全身名牌的女人來到我的占卜室。她的手裡拿著菸，我從她的言行舉止判定她絕對是煙花女子。她一開口就問：「老師，我何時會遇到正緣？」她選了一張牌，一打開便是戀人牌。我跟她說：「妳的真命天子在半年內就會出現，這個人大約大你六歲左右，做貿易的，以前很花心劈腿過很多人，身高大約一七八～一七九公分，魔羯座，會常出國，外型是白淨型的。這個人會在妳工作的地方遇見。」

她很不高興的說：「我是做酒店，在我工作的地方遇到的，應該也不是什麼好東西。」

我說：「送妳一句話，妳以後會很有名，不過也會被盛名所苦。」

轉眼間，一年半過去了。某天夜裡，這位小姐依舊打扮亮麗的來找我。她劈頭就說：「你跟我說的那個正緣出現了，條件特徵都跟你說的一模一樣，不過我們交往一年就分手了！」後來我跟她解釋：「別擔心！塔羅牌要以第一次算的為準，這位肯定就是。或許你們未來會再復合。」

這位小姐又問：「我要問另一件事，有一個演藝圈大姐要我進入模特兒圈，我可以嗎？」我告訴她：「妳一定要去，妳一定會紅，千萬不要放棄。」

之後她又來預約了一次，她告訴我那位正緣結婚了，還打電話罵了我助理：「難道沒算出來我的正緣要結婚了嗎？他是貿易公司的老闆，他說他很愛我，一定會娶我，我還以為我就此能離開酒店，離開台中的紅燈區！」

三年之後，我無意間打開電視竟然看見她主演的廣告，從此一炮而紅，當時的我也默默祝福她。

二〇〇六年，我到台北來發展，她打來要預約，那時她的身價已經不同凡響，媒體瘋狂報導她的一切事情。助理告訴她我在台北，她很快地衝來台北東區找我，一見到我，她很開心，我們像是老友重逢般的聊天。說也奇怪，她的脂粉味都不見了，變得很有氣質。

她告訴我：「老師，跟你說的一樣，我現在的確很紅。只是這不是我要的，我只想要感情。經紀公司管得又緊，還記得你幫我算過一個人吧！他應該不是我的正緣吧！」

後來我又幫她算了一次，又出現了戀人牌，她說：「我記得這張牌，一男一女沒有穿衣服，為什麼又再度出現啊？」

我跟她說：「此牌是命中註定，你們會比翼雙飛，但是我不知道你們會在哪種情境下再續前緣。」

二〇一〇年，女藝人和我錄同個節目，她一見到我就把我拉到廁所去，很興奮地說：「老師你太準了，我和他又見面了！而且他已經離婚，問我可不可以和他以結婚為前提交往。」原來三個月前，她到馬來西亞工作時，和經紀人在吉隆坡逛街，被歹徒搶劫，他們左手拿刀，右手拉著她的頭髮，經紀人大喊救命，卻都沒有人來救她們。當時歹徒搶完後準備轉身逃跑，不料卻和一台跑車擦撞。跑車男下車大罵，女藝人發現竟然就是當年的正緣，兩人就此再續前緣。

近期再度見到她時，她已經負面新聞纏身了，如同我說的被盛名所苦。但在感情方面，她也如戀人牌所預言的即將修成正果了。

一心靈小語一

真命天子真正的定義是，你們緣份是註定的，要如何經營永續下去也要靠你們努力，占卜只能告知你真命天子的特徵與相遇的時間點，當你遇見值得把握的人時，多把別人的缺點轉化成優點。

客人檔案：Gay bar 天王

7號 戰車牌

牌義：過關斬將、往前邁進、積極進取、突破瓶頸、重義氣、積極、有誠信

二〇〇六年我的乾哥哥 Ken 大老遠從高雄帶他的老闆來台中找我，Ken 告訴我現在工作的地方是一間 GAY BAR。我便問他：「你是 Gay 嗎？」他回答我說：「我不是喔！我是直同志。」我問他：「什麼是直同志？」他告訴我：「就是對同志很友善的人。」

Ken 說十幾年前就認識目前工作的老闆，他們一直是好朋友，他不因為老闆是 Gay 而遠離他。

當時 Ken 在愛河附近一間咖啡館當服務生，高雄愛河是一個很特別的地方，晚上會有很多同志在那邊散步、約會及搭訕，有時兩個人看對眼了很快就在一起。這老闆常常會來和他聊天。老闆常說：「我想在南部開一間最大的 GAY BAR。台北有，高雄怎麼可以沒有呢？」這個夢想的緣由，就要從老闆小時候說起。

從小老闆的母親都讓他讀最好的學校，買最貴的衣服給他穿，或許因為這樣被寵愛，因此比較依賴母親，個性也比較女性化。因此在學校都被欺負。

在國中時，三天兩頭都被同學打，還脫他的褲子。十四歲那年，這位老闆被一個男同學帶到家裡性侵長達一年之久。國中畢業後，他選擇先去工作之後再當兵，心想有一天一定要為同性戀者發聲。

退伍之後，他到北部一家 GAY BAR 當陪酒人員，有空時也會到北部一家知名 PUB 當調酒師兼差。他將賺到的錢投入股市，賺了一千多萬。他想到過去的遭遇，想到以前被同學凌虐的畫面，他決定回到家鄉開對同志友善的 GAY BAR。

那時他花了五百多萬，在高雄鬧區附近租一個地下室，經營 GAY BAR，當時網路資訊並不發達，他一個人帶著員工，半夜時分前往同志聚集地，發放傳單。老闆作夢也想不到竟然大受好評。幾個月後台中以南所有的同志都擠到這裡。兩年後網路與電腦在台灣開始流行，很多人開始藉由網路互通資訊，使他生意稱霸南台灣。他也因此被推舉成南部彩虹同志代表。然而因為這間 GAY BAR 太有名了，警方管區常臨檢此地，並威脅老闆說：「幾個男生在門口卿卿我我，成何體統，限你三個月內搬遷。」

因此他很無奈的搬到高雄另一個鬧區附近，照常開門營業。沒想到他搬到這裡之後，生意比以往好上好幾倍。

好景不常，幾年後因為左右鄰居都知道這是 GAY BAR，怕會影響房價，所以希望他們搬走。不過這次老闆有了前次經驗後，已經賄賂警員，也把消防設備都搞定。

有天夜裡，附近居民因為兩個男生向他搭訕，還用很輕浮的口氣與他交談，這位居民氣到拿起汽油到店裡縱火，大喊：「你們這群人通通去死吧！」

在被暗夜的火燒之後，老闆很想趁這個時候把店收了，不過他看見這麼可愛的同志與一群這麼愛他的顧客，他決定再放手一搏。這次他再次遷店，他告訴自己，這次一定要成功，於是他不想只做同志的生意，把禮拜一、二、四改為一般淑女之夜，三、五、六、日為同志之夜，這樣這能淡化一些同志色彩，避免周遭居民再有反抗聲浪。

他的改變太成功了，分食了高雄PUB的這塊大餅，引起其他同類型店家的不滿，因此PUB同業叫了一些人到他的店裡，灑很多搖頭丸在地上並且報警，警方獲報後重罰他的店，並且每天夜晚都有警察在門外站崗，使得生意一落千丈。

Ken這次就是來問：「我們還能營業嗎？」

他抽到戰車牌，我跟他說：「牌中的王子拿著意志力之杖，象徵老闆能過關斬將、往前邁進，牌中有兩頭獅子代表他能進行反撲，遇到任何阻礙都能憑藉著智慧往前邁進。所以你好好做，不要害怕，跟著他的腳步走，繼續為同志朋友努力。」

—心靈小語—

有時傷害你的人或者對不起你的人，往往都是推動你成功的動力。

客人檔案：韓流天團藝人

8號 力量牌

牌義：有說服力、能包容、歷經磨難、辛苦得到回報、通過考驗

二〇一二年一月某天錄完節目後，有位製作人安排我至一個密室，跟我說：「小孟老師，你可以幫某個藝人算一下嗎？他很急。」門一推開，我看見的是一個韓國團體中的藝人。

我問他要占卜什麼？翻譯說：「這位藝人想問，他是不是要退出該團體，自己經營，因為他受夠目前的經紀公司。」

我翻了牌，牌打開之後我回答：「你抽到力量牌正位，此牌可看見一名美麗的女子，馴服一頭獅子，女子頭上有倒八的符號，與一號魔術師的倒八是相同的，代表無限的想像力與智慧，也有人說是能量。女子必須運用無限的智慧與無限的耐力才能馴服獅子聽她的話。這也代表經紀公司是那頭獅子，你是那位美麗的女子，你不該在這時離去。這牌告訴你經紀公司的訓練與磨練都已經過去了，接下來該是你享受成果的開始。如果你逃離這家公司這頭獅子會反咬你，到頭來可能會對你不利，所以我勸你一定要三思。」於是這位藝人很氣憤與無奈的說出他的故事。

從小他的父母很希望他能當明星，不論是大大小小的比賽都讓他去參加，於是在他還沒滿十六歲時，就有韓國知名經紀公司看上他，希望能與他簽約。但有一個前提是簽約年限長達十年，合約其間若有談戀愛與不良行為將須付大筆的違約金。

簽完約後他與其它成員被安排到一間宿舍，經紀公司告訴他們，從今天起，會有一連串的表演課。

經紀人告訴他們所有人：「從今天起不准與家人連絡，在受訓時不能有任何情感，到學校上課，不能與同學談論這裡的一切，下課後會有專車接你們回來受訓。你們不需要任何朋友，若在學校被記申誡視同違約。這麼做是因為將來你們紅了之後，怕會有人報出你們過在學校的不良紀錄，影響你們未來的形象。」

經紀公司要集中管理成員，所以強迫受訓藝人都要轉學，也因此斷絕他的朋友與家人。在他們的訓練課程中，包含每天要跑操場二十圈，伏地挺身兩百下，仰臥起坐兩百下，拉單槓及重量訓練。當動作稍有不標準，老闆就會罰他們半蹲與青蛙跳。

他每天憎恨老闆和這裡的一切。兩年後，老闆告訴他們：「我入股一家唱片公司，過幾天你們要試音，如果可以你們就能先出唱片。」

不過磨難似乎還沒結束，他們一張唱片，錄了半年的時間，音樂製作人與錄音師告訴他們：「一個音不準就要重來，你們以團體身份出道，所以只要有一人唱不好，全部人都要受罰。」然而他永遠都是唱最不好的人，因此大家都排擠他。

唱片終於錄製完成，老闆要他們去見幾位貴賓，老闆把他們帶到公司的地下室，幾名貴婦進來後看見他們好興奮，要這群藝人們陪她們跳舞、喝酒與肢體接觸，把他們當成陪酒的少爺。

這時老闆囑咐他們，這些人要好好巴結，她們會贊助幾萬張唱片，讓銷售數字好看。幾個月後他們出專輯了，第一首主打歌便攻下第一名的位置，他的外型是裡面最佳的，也被挑為某戲的男主角，使得他更加爆紅，也成為中、港、台少男與少女追逐的目標。

不過老闆對他說：「你的抽成還是只有百分之十而已。」他很無助，最近合約要到期了他不知道要再續約嗎？我告訴他：「塔羅牌告訴你，你可以和老闆談他抽百分之十，你拿百分之九十，而且一定會成功。」

果真他談成了，並且入股這家公司，他改變了這間公司的文化，讓想當藝人的學弟妹們有個快樂與自由的舞台。

－心靈小語－

有時環境很難改變，你必須要試著改變自己的心念，當一個人徹底的毀滅之後，若他的鬥志夠強，迎接他的一定是炫麗的舞台。

客人檔案：女明星與富商

10號　命運之輪

牌義：成長、將能學到感情知識、增長知識、得到蛻變、強求不來

二〇一〇年冬天，兩位知名女藝人一起前來占卜。這兩位女星常在媒體上以姐妹相稱，她們雖然不是親姐妹，但感情已經好到形同姐妹。

當時A女星在主持節目，一開始她先問工作，我說：「妳接下來會有很多節目，但是妳絕對不能放棄工作，也不能為了感情，讓自己的事業毀於一旦。」

A女星說：「我不可能為了感情而不顧工作，況且目前我的通告很多，我也覺得自己不能放棄。」

A女星又問：「我想知道我何時能遇見真命天子？」

我說：「不要急，妳要再等五年。」

A女星說：「那我現在身旁的這一些人怎麼辦？」

我說：「雖然我說要五年，但是妳還是要自己判斷呀！多嘗試也好，不要亂結婚就好。」

接著換B女星問：「我想知道下一次戀愛何時會來？」

於是我說：「未來三個月內一定會有，但妳要小心這段感情會對妳很不利，因為牌面顯示有人會介入妳們的感情。」

話一說完，B女星便說：「老師，如果出現那個人，那我有什麼方法可以讓小人遠離我呢？」我告訴她：「防小人最快的方法，就是不要碰這個人。」

大約三個月後，B女星又來占卜，她告訴我：「目前有一個台灣知名某企業的老闆在追求我，我該如何抓住這個人？」

我跟B說：「他就是我說的會給你帶來不好結果的人。」

B告訴我：「我已經愛上他了，不管花多少錢，只要他能和我在一起就好。因為我感覺他雖然很喜歡我，但是他的桃花很多，也有好幾個女朋友，重點是他很有錢，如果我能讓他娶我，我就不用工作了，何樂而不為呢？」

這時我又幫她抽了一張牌，我跟她說：「這個企業老闆只是想跟妳一夜情，而且他根本不想結婚，妳自己要小心一點，不要賠了夫人又折兵。」

一個月後，A女星也來找我，她急迫的問我：「老師，最近有一個人說要娶我，然後幫他生孩子，生了後再給我一間信義區的房子，還說有了小孩就不用工作上通告了，你覺得這個人好嗎？」

這時我幫她抽了一張牌，說：「這張牌表示，妳就算幫他生小孩，他也不可能娶妳，而且妳也會因為這個人中斷演藝工作，甚至跟妳的經紀人鬧翻，這樣妳要嗎？」

過了半年，某天我打開報紙發現A女星懷孕，還跟某大企業的老闆在一起，但這大老闆不是B女星要得到的那個人嗎？

隔沒多久，B女星來找我說：「A女星搶了我的男人，還懷了小孩，為什麼先懷孕的不是我呢？老師，我要問問他們會有好下場嗎？」

我幫她抽了一張牌，告訴她說：「這張牌是命運之輪，此張牌畫面四個角落都有雲層，各有一隻神物，代表基督教四活物：鷹、人、公牛和公獅的面目。牠們都攤開書本，不停的誦經或念咒，代表著賜福與幸運。翻書也代表學習與成長，這說明妳是幸運的。這個男的不好，妳要謝謝A女星搶了妳的男人。此外妳會因為這件事情成長。」我話一說完，B女星說：「我知道他們要結婚了！而且這個男的已經送她房子了！我一定要破壞他們，我最不能容忍被背叛的感覺。」

過了一陣子我又從報上讀到跟A女星在一起的大老闆劈腿，而且他表態不會跟A女星結婚，此外，據報紙所說A女星已經生下小孩了。我心裡想B女星真的很幸運，就算A女星有錢有小孩，但老公不在身邊，這樣真的算是完整的人生嗎？

—心靈小語—

真正屬於你的愛情就會是你的，我們無法強求，也無法改變。

或許我們該感謝的，是那個幫你擋掉厄運的人，因為他們的介入，才使得你能夠更幸福。

客人檔案：檢察官與母親

13號　死神牌

牌義：重生、絕處逢生、因果、死裡逃生、東山再起、重新再來

二〇一〇年冬天，一個冷風颼颼，寒流過境的夜晚，一位住在樹林的林先生，帶著他的母親來占卜，當時他背著母親來到店裡，他的母親體重大約有八十公斤，鼻子掛著氧氣罩、手上還插著點滴管。

一進占卜室，他很小心放下他的母親，因為占卜室裡並沒有可以躺的椅子，他囑咐外面的工讀生，幫他買張舊式的折疊躺椅。一開口他便說：「老師不好意思，因為你無法到我家來占卜，所以我就背我的母親來，不知是否會造成你的困擾？」

我一看見他們，立即想起我在南部的母親，他的孝心讓我為之動容，很多人都花錢請人照顧母親，而他卻是我第一次見過，背著八十多公斤重的老母親來找我，他想問他的母親還能活多久？還沒開牌前，我就知道他不會放棄為母親找尋任何能延命的機會。

當下我拿起塔羅牌，在他母親身上繞了幾圈，由林先生來默念，洗完牌後，我一打開牌就看見死神牌，不禁為他感到難過，我說：「要不要請你母親到另一間去休息呢？你確定要讓她聽嗎？」

林先生說：「多壞的事我們都聽過了，你這裡已經是最後一站了，是好是壞，我們都要一起分享。」

於是我告訴他：「你的母親過不了明年的農曆年，算一算應該不到二個多月。」

他母親很難過的流下眼淚，因為她無法講話，眼睛滿是淚痕，這種母親與兒子一起聽到的感覺，猶如法官宣判一個人死刑的感覺，讓我覺得很難過。

林先生很悲傷的說：「我的母親一路栽培我當上檢察官，因為我們是清寒的單親家庭，她還賣掉祖厝，她的一生最大的心願，要我行俠仗義，幫人洗清冤情，她還叫我一定要成為清流，不要辜負上天與祖先對我的期許，她看見沒有能力打官司的弱勢族群，還拿錢出來幫助他們。每天夜裡，我都看見我的母親閃著淚光，走到我的床前，我知道她很以我為榮。」

說到這裡，他的母親揮了揮手，林先生拿紙與筆給她寫字，她寫道：「阿榮仔！沒關係，媽媽有你陪我到最後，已經很滿足了，昨天我夢到你阿爸來我的夢裡，說我累了，要休息了！祂說叫我跟祂一起走。」

她還流下幾滴淚在紙上，筆跡道出了人生的歷練，筆畫中刻畫出歲月的年華。林先生泣不成聲的對我說：「無論花多少錢，賣掉幾棟房子，我都要救回我的母親，我的老婆因為我太愛母親，而離開了我，我知道這一生中我的成就，都是我母親給予我的。我的父親是警察，在一次辦案中得罪黑道大哥，黑道大哥來我們家，開槍射殺我的父親，我的母親當時在廚房煮飯，我在寫功課，當她聽到槍聲後親眼見到我的父親在血泊中身亡，她告訴我不能哭，你要堅強，以後一定要當檢察官，以慰父親在天之靈。」

我心裡想林媽媽妳真是最堅強的女人，我很希望上天能聽到你兒子的呼喚，疼惜這麼堅韌的花蕊，我期許有朝一日，我也可以當蜜蜂，把妳的堅強，傳播給每個城市，綻放出美麗的菅芒花。

三天後，我主動打電話給林先生說：「我想到古時有一種方法，叫作借命，你可以試試看。」所謂的借命，就是把一生中所有的功德與發生過的經歷，寫在紙上，並且做一百件好事，拿到城隍廟，請城隍作主，並且燒掉。但這些好事都必須要填寫他母親的名字，並且所做的好事都要跟往生者有關。於是他將以往辦過的案件，以及已過世的罪犯，家中若是獨居老人的，他便到們家中照顧，並且他也捐埋葬費用給很多無名屍。

兩個月後，林先生打電話給我：「母親病危了！我知道已經無能為力！不過我要謝謝你讓我找到未來的路，我發現幫助人讓我更加快樂，或許我這麼做並無法救回我的母親，但她走後，我相信也會有好的福報。」

二〇一一年三月，工讀生敲了我的占卜室，告訴我說有通電話是林先生找你，我一接起來便聽到林先生說：「老師！我媽媽她醒了！醫生說她奇蹟似地好轉，原本肺癌已經沒了，我要謝謝你。」

掛了電話後，我忽然覺得，上天真的是有眼睛在看的，心存正念的人與做好事的人都會有福報。再次看見林先生時，他已經投身公益團體，並帶著坐輪椅的母親，宣導捐血的益處，看見老母親在發傳單，讓更多人想捐血，當下我也一起加入，我的做法是每捐血一次就可以獲得免費占卜。當時我們三人一起拍下了一張公益照片，背後還開滿了菅芒花。

一心靈小語一

很多人認為，做善事就是捐錢給慈善團體，或者到廟裡捐錢給神明，但很多人往往不懂，其實真正的大菩薩，就是我們自己的父母。從小到大，父母親面對子女往往都是外表堅強，內心脆弱，做子女的往往有了成就之後，會認為這是自己得到的，父母親沒幫上什麼忙。當父母在時，你要把握與他們相處的每一刻，不要等到他們不在時，才發現，很少有人能夠真心分享你成功的喜悅。

客人檔案：童養媳

14號　節制牌

牌義：付出有回收、用心體會、有來有往、康莊大道、苦盡甘來

二〇〇三年我在台中占卜時，來了一位穿著樸實的婦人排隊算命，她一見到我嘴角微微顫抖，隱約透露出一絲的不安感。

她開口第一句話就說：「我想要算算看，我何時會死？」

當時我看著她，好像歷經了許多磨難，頭上有斑白的頭髮，反映了生活上的種種煩惱。

我請她洗牌，她連洗牌的力氣都很微弱。她抽到的是節制牌。我告訴她，不管發生什麼事，好運都即將到來，過去的苦痛終將遠離。

她說：「老師，你有沒有算錯啊？怎麼可能，我的先生再也不可能回來了！」

我跟她說：「此牌若是解讀在感情，妳的先生可能有外遇。」於是她點點頭，含著眼淚，說起她的故事。

× × ×

我的父親是中部一帶最有名的包商，十歲時，把我指婚給台中建商的兒子，當時我的先生才一歲。兩年後，我的父親在監工時，被樓頂的施工模板砸到頭，失血過多去世了。父親過世後，母親接手家裡事業，因為許多工程款未收，所以銀行貸款出現問題，又因為丈夫去世而傷心過度，於是幾個月後也離開人世。幸好當時我的公公同情我，幫我們家處理財務，於是便開始了我的童養媳的生活。

我和我先生相差十歲，他是很皮的小孩，每次趁我入睡時會拿針刺我，看見我流血又生氣的樣子，他就會很開心。也會在我進去廁所時，拿強力膠放在浴室，讓我的腳被黏住。這些事情我都能忍，因為我覺得這是我們家欠他們的。

在他十六歲時，我已經二十六歲了，有天他跟我說：「我想騎馬。」我回他：「那你去農場啊！」他說：「這裡就有了。」他叫我彎下腰，當馬讓他騎，而且還要爬出門外，外頭是一堆的石粒堆，因此我的腳與手滿是破洞與鮮血。後來我的公公看見了便訓誡他，不過他並沒有因此停手，反而變本加利。

那時我都會到附近的小土地公廟祈求早日解脫，每次我去拜土地公時，他都會跟蹤我，還會用香燒我的身體，大聲的說：「拜什麼拜，世上根本沒有神明。」

我每天以淚洗面，以及思念過世的媽媽。有一天，我拿起媽媽的相片在看時，他喝了酒，發瘋似地撕了我媽媽的遺照，還痛打我一頓。我的肚子流很多血，血流到腳底，我那時才知道我懷孕，卻流產了。公公知道後，狠狠打了他一頓，然而，他又將被打的氣加在我身上，後來我幾乎三天兩頭被打。

在二十九歲那年，我又懷孕了，而且是雙胞胎。

得知這個消息後，其實我並沒有很高興。我走到土地公廟祈求：「我又有小孩了，是否表示我又要受苦了呢？」

我先生在我懷孕期間，還是用香煙燙我的手還有頭髮，當時公公生意越做越大，在上海開分公司，派他去上海，我心想感謝土地公，我終於要解脫了。後來，我生下了兩個健康的男孩。

轉眼間，又過二年，我先生都沒有回來找過我們。有一天我騎腳踏車，載小孩經過土地公廟時，一男一女騎著機車從我身後撞上來，我被撞飛，而大兒子撞到土地公的金爐，當場過世，小兒子則是輕微骨折。車禍當時，我隱約看到肇事者是我先生，我昏迷時夢到土地公，祂對我說：「傻女孩，妳今生有使命的，我要妳幫我遷廟，我會照顧妳的大兒子，要記得醒來後，請幫我移到這個地址……」

後來我醒後，我的公公坐在我的床前，他說：「我教子無方，請妳原諒我！那不成才的傢伙，在上海的公司做假帳與假交易被揭穿，我們必須要賠人家上億元，他還在外面跟上海姑娘生了一個女兒，而且對方說要妳離開。」

× × ×

聽完她的故事，我和她說：「這張牌告訴妳，不可以和你先生離婚，再過不久，妳先生會轉好的。妳一定要幫土地公的忙，而且妳公公是建商，恰巧可以幫忙移廟，不是嗎？」

於是她回去之後，告訴她的公公，關於移廟這件事。她的公公覺得欠她人情，於是就聽了她的話，請里長偕同移廟。在移廟時，怪手挖到土堆，竟然有一大堆真的黃金，當時她來問我怎麼處理，我跟她說：「祂一定會再來託夢給妳。」

某天，她打電話說：「老師，土地公在夢裡說要我拿這些黃金去付遷移費，剩下的我拿去賣魯肉飯，因為祂喜歡吃魯肉飯。」

三個月後，婦人果真開了一間台中最大的魯肉飯，定價才十元，還可以免費加飯，每次物價調漲，她都會擲筊問神明是否可調價格。

一年後她來找我時，還是穿著樸實，跟我說：「我不算感情了，我老公出車禍變植物人。我還是在照顧他，我公公把他的事業都交給我處理，他也想退休了。我們魯肉飯年營收高達五千萬，不過我想要拿來做好事，幫我先生積德。」

二〇一〇年時，我從台北回台中，走到這間土地公廟拜拜，還去她店裡吃了一碗魯肉飯。我不禁感慨，這碗飯都是這位堅強的婦人，萃取人生的精華所調配出的美味，真是誰知盤中飧，粒粒皆辛苦。

—心靈小語—

當人生不如意時，你才是自己的貴人，只有你能點醒自己，才能轉化想法。沒有什麼事是過不了的，我們要用平常心去看待人生的起落，到後來你會發現，那些挫折教會你更多事物。

客人檔案：算命節目老闆

15號 惡魔牌

牌義：利益薰心、有目的、視錢如命、劈腿、慾望高漲

二〇〇五年，有位電視台老闆到台中來找我，他說：「我想開一個教塔羅牌的節目，這個節目是給觀眾 call in 進來算命的。你有興趣嗎？」

老闆和他的助理拿出一支勞力士對我說：「老師，這支錶先送你。」後來他打開皮箱亮出大約一百萬的現金。他說：「我很喜歡你在電視上的親和力，希望可以跟老師合作，這裡有張合約，你若簽了，這些錢就先拿回去存。」

我看了一下合約內容，上面寫著合約五年，七三分帳，在帳款上有一條是商品款項與改運抽成表，他一一解釋給我聽：

第一條改運抽成，觀眾打電話進來，就將他們引到一間宮廟，這間宮廟在台中與嘉義都有分壇，這濟公師傅的乩身是我的小孩，你只要告訴信徒說，很抱歉我能服務的有限。不過我認識一位師傅，你可以去找他，他是隨緣服務的。

信徒聽到是隨緣的一定會去，然後我兒子會幫他們改運，改運有分大改與小改，大改要買衣服與扇子，兩萬五千元；小改是收驚，但是我們會幫他們準備水果和金銀紙，請師傅來唸經文，大約六千八百元；若是一家大小改運的話有折扣，五萬元。

第二條商品抽成，商品有分請神像六萬五千元、請祖先牌位四萬五千元、幸運符九千元……

於是我告訴他，我對 call in 沒信心，應該沒辦法勝任，希望藉此推掉這個邀約。沒想到他竟然說：「小孟老師，你不用擔心，call in 都是假的，都是我們找人打進去的。」當下我才知道原來他們有套標準程序：

一、旁邊有主持人推薦你算得很準，鼓勵大家打電話進來。

二、打進來後，接線生會說目前滿線，你要不要留下電話，等我們老師下節目再給你答覆。

三、老師下節目答覆要說：「很抱歉，我時間有限，你要不要到台中或嘉義的分壇，找我旗下的老師算？」

四、當觀眾前往算命改運時，就要花很多錢了。宮廟甚至還有刷卡機可以分期。

五、萬一不幸被揭穿，宮廟會立刻澄清，都是電視上的老師推薦來的，他叫我賣的，所以電視上的老師有可能會吃官司。

六、當你吃官司時，他們會有很強的法律團隊讓你脫罪，但你要避一避風頭，到他們經營的地下廣播公司，但也是一樣的方式操作。

於是我告訴他，我並不想要這麼做，他說，沒關係，我們下次再碰面談。

幾天過後，這位老闆又直接到我的占卜館來找我。我只好請他抽一張牌，是惡魔牌，我說：「此牌說你要當心官司的問題，而且你的事業會在兩年後，陷入低潮。」

轉眼間過了一年，有天我看到報紙上寫警方破獲電視台詐財案，不法所得大約有五億多。幾個月後，這位老闆打電話給我：「小孟老師你好，你還記得我嗎？我可以給你一年二百萬，你要不要跟我合作？之前我兒子在幫人改命時，從椅子上跌下來，腳離奇斷掉，最近他去醫院檢查得到大腸癌，我希望你來接我兒子的工作。」

當時我只跟他說：「你如果要救小孩，就不要再做這些騙人的事了。」

二〇一一年下半，這個頻道已經從電視上消失了。我想他大概決定要救他的孩子，所以不再繼續做這種違背良心的事業，當他停手，也就不會讓更多人被欺騙了。

一心靈小語一

記得在你發達時，你一定要找回當初的自己。想想一開始的自己，是一個怎麼樣的人。回到以往的生活模式，你就能找到最初生活的悸動。我們要相信一件事，有錢人其實只能用錢去買快樂，因為他們無法像一般人，用很少的錢，卻能夠玩得那麼盡興。

客人檔案：人蛇集團的女子

17號　星星牌

牌義：心願達成、收到善意、期待成真、達成夢想、前途光明、嶄露頭角

二〇〇二年，我還只是個在咖啡館幫人兼差算命的研究所學生。一天夜裡，有個熟客幫朋友小西打電話找我，她說小西是漢口路上的酒店小姐，還特別聲明，占卜時只能坐在靠窗的位置，而且中途不能離開，也不准旁人靠近她，我那時還以為小西只是個缺乏安全感的女子。

晚間十一點半左右，一位打扮樸實的女子朝我走來，穿著打扮不像酒店小姐，她神情緊張地看著我，點了一罐海尼根，我便問她：「小姐要問什麼？」她回答說：「我想問我的前男友有沒有在想我？」她正要洗牌時，外頭有一位穿著西裝的男子推開門，衝過來把她拖出去，帶著她離開。

一個月後，這位熟客又打電話來說：「上次那位小西小姐還沒算完，她希望你再給她一次機會，她很想算塔羅牌。不過這一次她要約在台中文心路上的包廂裡，她會給你三倍的價錢。」我很不情願，但還是答應了。

這天，小西小姐準時赴約，一掀開布簾，我就看見她滿面愁容，好似經歷過許多折磨與苦痛，她的問題跟上次一樣，想要知道她的前男友會不會來找她。

洗牌完後，她抽到星星牌，我告訴她：「他有別人了，而且還有了小孩，他不再愛妳。」
小西聽完非常難過，突然拿出一把預藏的剪刀，朝自己的手上畫了幾刀，頓時鮮血直流，這時我發現她的手本來就有十幾道割痕。
我嚇得大叫，服務生還以為我要點餐，很多人都朝我們這看，上次那名帶走她的男性，不知從哪冒出來又把她給抱走，留下散落的錢與一地的血跡。
半年過去，我在逢甲的店面準備開張，開幕前一天，那位熟客打電話給我說：「小孟老師，小西又要來找你算了。」
我告訴她：「我不會再幫她算的，妳幫我拒絕她！」
幾天後，這位熟客告訴我，再不幫小西算的話，小西就要去自殺了，我只好無奈點頭。小西就跟上次那位先生一起到了我的店裡。
我告訴她：「這是我剛開的店，外面很多客人，妳不要在這裡鬧事！」
小西點了點頭，她說只想算一件事，算完就不會來了。
我問她說：「好的，妳有什麼事儘管問。」
小西很無奈地說：「我還要多久，才能脫離他們的掌控？」
我說：「我不太懂，可以從頭說給我聽嗎？」

於是小西便開始說出她的故事。

四年前，她原本是快樂的台北大學生，結識了一位自稱是模特兒經紀公司的老闆，他說可以幫她進入演藝圈，於是她很開心的跟他交往，這也是她的初戀。

她的前男友每天都帶她看電影、唱歌、聊未來，半年後，前男友向她求婚，她很開心地戴上前男友給的求婚戒，那是她一生中最快樂的日子。

幾天後，前男友說公司被人設局，欠下了一千多萬，現在必須跑路到台中，心疼男友的小西於是告訴父母說，她要到台中打工一陣子。

到了台中之後，前男友帶她找他的乾哥哥阿賢，阿賢是台中滿有勢力的角頭老大哥，阿賢告訴小西可以到他店打雜，一天有一萬塊的收入，小西為了幫忙未婚夫，就傻傻地簽下了一份不知名的工作合約書。

隔天，小西就被帶到一家酒店，前男友告訴她：「我出去一下就回來。」豈料這一去再也沒有回來了，此時，一名身穿黑色皮衣的男子出現，拿著鞭子在牆上狠狠敲打，皮衣男說，她已經被賣給制服酒店了，這家店裡最出名的就是「S」，性服務。

皮衣男對小西說：「妳和其他小姐一樣睡大通鋪，集合吃飯，洗澡只有三分鐘，棉被要折成豆腐，不乖的話要青蛙跳，一切軍式化管理。如果妳想逃跑，被抓到一律注射毒品，我們跟警局很熟，如果報警，就關廁所三天，只能喝廁所的水。打電話或出門買衣服，都會有人監控，妳看旁邊那位小姐，就是偷跑出去，被綁起來不能動彈。」

阿賢告訴小西：「這裡有獎懲制度，只要妳表現好，業績前三名就能出去玩，表現較差的後三名就要扣點，扣點就是還要再做一年。」

小西告訴我，有一面牆上被她畫了兩百多個叉叉了，這表示她接了兩百多個客人。之前每次她來找我時，都有人監控，她能出來，是因為她都是業績前三名的，她最近染上梅毒，氣色很差，不過她還是接客。

那是我第一次占卜時聽故事聽到淚流滿面。

我告訴她：「妳抽到星星牌正位，牌中有個黃色的大星星，代表著許下的心願能達成，有人會來引領妳，牌中主角的腳踏在水面上，代表妳已經體會到人世間的疾苦，但這一切的苦難終將結束。」

算完之後，我問她：「妳有家人嗎？我可以幫妳。」

她告訴我：「沒有用的，很多人都試過，他們有我們的身份證，萬一我們逃回家，他們不會放過我家人，而且他們有強拍我們裸照。」

後來我把這件事告訴台中的某電視台記者，記者告訴我：「小孟老師，你專心占卜就好，這種黑道你是惹不起的。」

三個月後，我在新聞中看到警方破獲強迫賣淫的人蛇集團，我很開心知道小西沒事了！從此我和小西就斷了連繫，希望她看見這則故事後，能和我連繫。這個故事讓我知道原來世界上有那麼多的無奈和悲慘，能夠擁有平凡的生活，就是一種上天最好的祝福。

━心靈小語━

有時上天給人的考驗真的很多，當事情已經發生時，妳要堅強，妳要勇敢，更要想辦法在逆境中勇敢高飛。

客人檔案：菲律賓女傭

18號　月亮牌

牌義：迷惑、無知、有距離感、很難捉摸、…恐懼、無助、茫然、辛苦、煎熬

二〇〇九年冬天，兩位菲律賓女性前來占卜，兩人各自抱著兩個可愛的娃兒。其中一位叫做AMY，她一看見我就淚如雨下，然後緩緩說出自己的故事。

AMY是一位來自菲律賓的女子，她住的地方晚上沒有燈可以讀書，看書都必須在戶外路燈下。每天她都踩著泥地，穿越沼澤地，睡在很多蒼蠅的小屋裡。

小時候她的母親常問她：「AMY妳以後要做什麼？妳有沒有後悔當我的女兒？」AMY回答：「媽，當妳的女兒，我很光榮，我想要讓妳過好日子，如果有一天，我能賺多一點錢，我想把我們家旁邊的林地都買下來，我要成為這個村子裡的驕傲。」

AMY每天夜晚，都在家門口的樹下仰望星空，她很想給家人最好的生活品質。無奈好景不常，菲律賓幾次的水災把她家的房子沖倒了，連她最愛的爺爺與奶奶，也在暴雨之中相繼過世。但她的苦難似乎還沒結束，長大之後老天爺仍在考驗著她。

二〇〇二年夏天，一名菲律賓仲介介紹她到台灣來幫傭，並且告訴她台灣的錢很好賺，而且雇主會提供住的地方，也不會讓菲傭超時工作。她回家告訴母親，但母親告訴她：「台灣人很現實也很勢利，妳太單純會被欺負，而且媽媽只有妳一個小孩，我捨不得妳到台灣，萬一妳發生什麼事，我要怎麼活下去。」但是AMY想要給母親過好生活，二〇〇三年她不顧母親的反對，毅然決然來到陌生的台灣。

AMY的女主人，是台北東區一家頂級珠寶店老闆，她看見AMY，立刻打電話給仲介說：「你怎麼找一個不太會台灣話的女生，而且還滿臉青春痘，我之前看照片明明就沒有痘痘，你們也太會修片了吧！她搞不好還有傳染病，我要你立刻把她送回去。」仲介回她說：「太太不好意思，根據規定，菲傭來台有時間規定，若她沒犯什麼大錯，是不能遣送回去的。」

女主人只好氣呼呼地拍了桌子，到廚房拿起計時器說：「我給妳兩分鐘，妳立刻把行李整理好，妳就住在儲藏室，妳若要上廁所，請妳到外面的百貨公司上，半夜很想上廁所，請妳忍到六點捷運站開門時再去，我們怕妳會有傳染病，所以無法共用。還有我的小孩不准喝妳的母奶，你們菲律賓的衛生條件跟台灣差太多了。」AMY只好乖巧地點了點頭。

從此之後，女主人每天都會規定，如果她小孩哭聲長達十分鐘，就罰AMY只能吃半碗飯；假如沒有好好照顧女主人年邁的父母，就要繳水電費。後來女主人在她的房間外頭裝了一個電錶，規定一個月只能用電幾度，超過多少度就要體罰。體罰就是中午要到女主人家中陽台做「人肉鐵板燒」，所謂「人肉鐵板燒」就是日正當中時地面會很滾燙，這時她的手必須要像伏地挺身的姿勢，趴在地面上，手掌常會燙破皮。這時她的情境猶如牌中的螯蝦，身陷在苦難之中。

兩年過去，AMY在台灣已被折磨得不成人形，常常暈倒。有天夜裡，女主人的老公酒後性侵AMY得逞，她嘶吼著嗓子掙扎，想起家鄉中的星空，想起母親。母親告訴她不要來這裡，她也想起小時候說過要給母親過好的日子，她擦乾眼淚告訴自己不准哭！她不能自殺，如果她死了家鄉的母親要怎麼活？

往後的日子，女主人的老公經常侵犯她，直到二〇〇六年她發現自己懷孕了！在女主人的逼問之下，她哭喪著臉說，孩子的父親是妳的老公。女主人驚訝不已。她狠狠拿鐵鎚打她，並且與她的老公離婚。

女主人離婚後，狠逼她墮胎並且報警說：「我的菲傭偷我的鑽石，還拿走我的存摺與印章。」警察一來，立刻到她的房間搜東西，這時警察果真搜出一大堆鑽石，她告訴警察說：「這不是我拿的，我不知道這東西怎麼出現在我的房間。」到了警局之後，她將所有事情都告訴警察。於是警察聯繫仲介，仲介後來與女主人達成私下和解。

之後，AMY也換了新的老闆。新的老闆是國內赫赫有名麵包店連鎖集團董座，這位老闆有次外出時，差點被直衝而來的汽車撞上，AMY用自己的肉身抵擋了汽車，當時她代替老闆身受重傷，讓他感動不已，很慷慨地給了AMY台幣五百萬元，當作報答。

她終於感覺苦盡甘來，但是她並沒有就此回到菲律賓，她發願要照顧到老闆過世才願離開，因為這位老闆也是她的貴人之一。

她最後問我：「這位老闆身體好嗎，他會不會長命百歲？我不知為何看見你的當下，很想哭，不知不覺就說了好多過去的事。」

我告訴她：「抽到月亮牌，表示妳壓抑太久了，就像牌中的螯蝦要歷經苦難後，才能重見天日。」

占卜結束後，我深深感動於這種吃苦耐勞的精神，或許 AMY 才是道道地地的台灣真女人。

一心靈小語一

人的一生中，都會歷經苦難，看看別人看看自己，你若覺得自己很苦，那麼一定還有比你更苦的人。此外，無論發生什麼事情，外在的風雨，都將會有停止的一天，但人必須要將內心最深處的苦難給抹去，才能重見天日；若你目前正在歷經苦難，你要相信我們往往是在危機中，才能開創出屬於自己的一道彩虹。

客人檔案：公務員導遊

20號　審判牌

牌義：破鏡重圓、復興、大逆轉、東山再起、覺醒

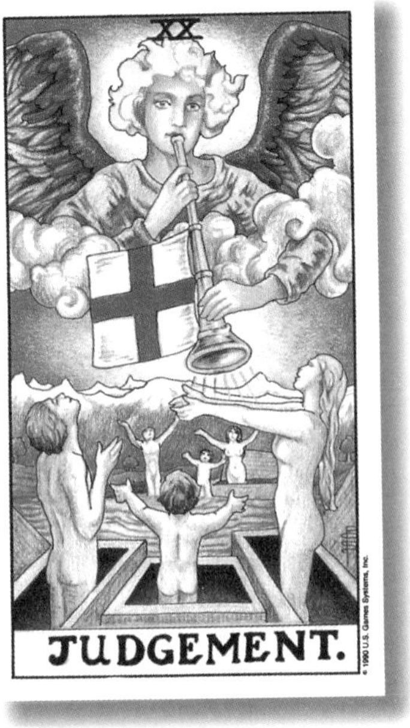

某個原本晴朗無雲，午後卻突然下起大雨的詭異日子，來了一位令我印象深刻的女性客人，她叫做「珍」。她原本在公家機關上班，但現在改當導遊，而且她會當導遊並不是因為喜歡旅遊，而是一直在尋找一個人。

珍出生在小康家庭，父親是銀行的經理，母親是學校的老師。不管是學才藝，還是挑選學校的環境，她的父母從小就把最好的給她。

父母幫她做了許多生涯規劃，但是她的心裡卻悶悶不樂，她一直覺得她是溫室裡的花朵，所有決定都是交由父母安排，特別是母親。

珍的外貌長得非常亮麗，所以從高中開始就有許多追求者，但是她的母親會嚴格控管，所以她從來沒有真正談過戀愛。

大學畢業後，珍很順利地考上了公職人員。而她的母親也積極幫她安排相親，條件非常嚴，一定要是「醫生」或「律師」。她相親超過十次，每次對方都很積極的想認識她，但珍總是覺得少了些什麼，所以很被動，結果都無疾而終。

最後，在母親的強勢主導下，她和一個素昧平生的人訂了婚。訂婚後，她跟主管請了二個月的長假，想要藉著出國讓自己好好的放鬆，因為她回來就要結婚了。她決定放手一搏，在這趟旅行中嘗試以前從沒做過的事，不要讓自己有遺憾。

她獨自一人踏上了泰國的旅程。到了泰國，她覺得很輕鬆，因為這裡跟台北有許多相似的地方，但是卻沒有她所認識的人，所以她可以不用偽裝，盡情的享受生活。

但畢竟這是她第一次獨自出國，所以她請了當地的導遊做嚮導，因此遇到了從此改變她人生的人。

這個導遊名為「阿肯」，比珍大三歲，阿肯是一個很幽默的人，親切的介紹泰國當地的名勝古蹟以及美食。而且阿肯曾經到台灣學習過中文，因此珍跟阿肯在語言上能暢所欲言，也讓兩個人產生了情愫。

這是珍第一次打從心裡感受到「愛」，他們相處的時候，她總會有些粗心大意的地方，但阿肯都會笑笑的說：「沒關係」，讓她覺得很溫暖。因為她在家裡如果有沒做好的地方，身為老師的母親則會嚴格的管教她，告訴她這個不行，那個不好。

阿肯跟珍說他以後想到美國遊學，希望能看見許多世界的美好。更希望珍能和他一起去，珍聽了覺得很感動。很快的，她的旅程結束了，依依不捨的跟阿肯道別。在離開前，她跟阿肯約定好，明年要一起去國外遊學。

回到台灣，珍鼓起勇氣跟她的父母談判：「我現在清楚知道我要什麼，我已經找到了人生的另一半，希望你們能夠尊重我。」父母聽完後覺得珍瘋了，一定是在泰國被人家下符咒，才會變成這個樣子。因此把珍關在房間上鎖，然後請道士來家裡作法，希望能讓女兒回到原本的樣子。

珍覺得父母無法接受她的改變，因此她趁半夜爬牆逃出去，結果一不小心摔了下去，腦出血住了三個月才出院。但因為撞擊，結果智力退化到十歲左右，需要時間來慢慢恢復。而她的母親無法接受這個結果，吃安眠藥自殺死了。而她的爸爸也因為自責，全心的投入照顧珍的起居。

這段時間阿肯曾試著與珍聯絡，但都被珍的爸爸擋下來了，並且告訴阿肯都是他害珍變成這個樣子的，請阿肯不要再來打擾他們的生活了。從此後阿肯再也沒有跟珍聯絡。而珍的病情慢慢的好轉。直到最近她終於記起和阿肯的事了，但她都聯絡不到阿肯，也打過電話問阿肯之前待過的公司，但都沒有下文。所以她當起了導遊，想藉由工作到世界各地尋找阿肯。她來找我，是想知道能不能找到阿肯，再續前緣。

她抽到的是「審判牌」，我告訴她：「這張牌代表妳經歷很大的磨難，就像牌中有人從棺材中死而復活，也代表是從鬼門關裡走了出來。不過牌中有位天使，這天使吹著號角並且有綁著紅十字的布，代表妳的心靈將會被救贖，此牌也有起死回生或者復合的結果，所以請妳不用擔心。妳想要找的人會在國外遇到，會在你們初識的地點。」於是珍半信半疑的離開了占卜室。

過了一個月，我收到珍寫給我的信，她說聽了我的話之後去了泰國曼谷的天文館，那是阿肯第一次帶她去的地方。她很驚訝的發現導覽解說員正是阿肯。這段時間阿肯一直很自責害了珍，所以都沒有結婚，一直留在天文館回憶和珍的初識時光，連當初約好要去的遊學，也都沒有去了。

重逢後，他們計畫一起去美國遊學後就結婚。珍的父親也終於願意祝福這段關係。我也很替她開心終於找到了失而復得的幸福。

—心靈小語—

人生有很多的未知數，我們要懂得為我們自己負責。但我們也要記得，不管是自己的小孩亦或是朋友，我們都不能為他們做決定。因為他們得為自己的人生負責。

Chapter 2

聖杯牌組（Cup Suits）

聖杯十　狗仔隊攝影師
聖杯侍者　藝人經紀人
聖杯騎士　算命師生死鬥

客人檔案：狗仔隊攝影師

聖杯十

牌義：美好的、為了家庭與小孩、開啟新的人生、為愛而活

二〇〇八年六月，一名不起眼的男子來到占卜館，問說：「假如我想要轉業，適不適合？」於是我請他選一張牌，他選到了聖杯十，我告訴他：「此牌有一對家庭，男與女代表是夫妻，兩個小孩代表是子女，暗示著你是為了家庭與小孩才想換工作，雖然我不知道你是做什麼的，但牌中有道彩虹，表示如果你換了工作將會充滿自由與愛，你目前所做的決定都是考量家人。」

說完，他立即詢問：「那我要做什麼比較好呢？」

我回答他：「要看你目前是做哪一行，我才能幫你推算往哪個領域走比較好。」

他吞吞吐吐地說出他的故事。

× × ×

我是狗仔隊。新聞系畢業後，原本進到香港某家還算不錯的雜誌社，當時香港的媒體文化開始改變，大家喜歡看八卦和跟拍藝人隱私的內容。很多雜誌為求能生存下去，開始轉為八卦與挖掘藝人的隱私，這些狀況使我非常難以接受。

我待的公司也裁了人，不過沒裁到我，我反而還高升，那時我真的以為好運要來了，豈料公司的編制只有四個人，我一個人要負責寫稿，還要校稿，甚至連排版都要學，一天工作將近十五個小時，這樣的工作量使我想跳槽，很多八卦雜誌社開出的條件都很優渥，於是在前同事的介紹下，我進入了某家雜誌社，我心裡想給自己二年的時間存夠錢就離開吧。

二年過去錢還沒存夠，我只能繼續待在目前的公司。當時內部改組，我必須親身去當狗仔記者，這與我的價值觀落差很大，不過我也想要多賺點錢，早些把房貸還完。

× × ×

聽到這裡，我不禁嘆一口氣，原來八卦周刊和狗仔們其實也很多也是迫於無奈。我反問他：「通常道德感較重的人，是連這種錢都不會想賺的，寧可自己餓肚子，也不會想擔任這種角色，一定有人說服了你。」他便繼續說下去。

× × ×

我被我的主管說服，他說：「我們當狗仔，能揭發一些藝人的惡行惡狀，與一些行業的胡作非為，不是也很好嗎？換個角度想，假如你能揭露藝人酒駕亂闖紅燈，交友關係複雜、亂劈腿，也是功德一件。」

我聽了主管的說法，覺得有道理。但在香港當狗仔是很累的，因為藝人越來越聰明，也越來越會躲。於是我們專挑藝人家附近有樹的地方，爬到樹上拿著相機對著窗戶猛拍，有時也會刻意買通藝人住家對面的鄰居，讓我們晚上可以守在窗邊。

我的腳曾經縫了十幾針，因為有次看到某藝人車中載了某天王的另一半，我鐵了心要拍到這條獨家新聞，他為了擺脫跟拍，在高速公路上亂超車，後來趁他們紅燈停下時，我整個人趴在車上，一直對著他們倆猛拍照。這位藝人火大開車亂竄，我被甩下去，腳插在一根施工的鋼釘上。

休息幾天後，我興奮地打開相機檢查，才發現記憶卡早就滿了，其實我什麼也沒拍到。那時，我就決定是不是該退出江湖了。這份工作，除了危險以外，我們用生命換來的成果，竟然是什麼都沒有。我突然想到家人，我怕未來工作會有什麼意外，所以一直思考要不要換跑道。

× × ×

一年之後，我遇到他，他跟我說，他來到台灣開燒臘店，生意不錯，現在已經開分店了。事後他非常感謝我，也介紹很多客人來跟我占卜。看到他脫離之前令他痛苦的職業，我感到非常的開心，也希望每個人都可以找到自己真正想要從事的行業。

─心靈小語─

把工作當作興趣，才能夠在工作中維持熱情。只有帶著熱情，我們才能擁有源源不絕的創意。

客人檔案：藝人經紀人

聖杯侍者

牌義：保護、阻擋、幫助、照料、付出一切、相輔相成

二〇〇九年九月，我錄完一個談話性節目後，有位資深的經紀人跟著我進電梯，她在演藝圈非常活躍，帶的藝人也都很大牌，電梯到了一樓時，她支開一旁的藝人，問我說：「小孟老師，等下可以請你吃個飯嗎？相信你一定會賞我這個臉吧！」我只好答應了，於是她立刻打電話給某節目製作人，希望他等下也能一起參與飯局。

到了一家高級餐廳，她先點了一杯酒，第一句話便說：「老師，你看我的氣場如何？」我隨口說：「不錯呀！但要當心有小人。」這位經紀人立刻用很大聲的語氣回答：「是不是某人？」我並不知道她說的這個人是誰，又說我功力有限，無法讀到對方的姓名。

接著她用很不悅地口氣說：「我現在不管那個小人是誰，我現在只想知道我之前帶的那位藝人，未來的下場會如何？一個藝人一旦離開發掘他的經紀公司，很多機會是會就此斷掉的。我們栽培一位藝人也是花了很多心力，你知道嗎？」

她開始生氣的說出她與某位藝人的恩怨。

× × ×

之前，我在一家還算滿大間的經紀公司，當時我是是負責帶藝人處理通告問題的執行經紀人。

當時我和某位藝人私交很好，一開始他完全沒有通告，很多製作人都不願意用他，嫌他沒有知名度，長得也不好看，我跟很多製作人說，不然我們公司某位大牌的藝人，帶他一起上節目好不好？

製作人說：「不要再多找人來佔一個位置，棚都很小，而且主持人不喜歡知名度低的藝人來上節目。」

× × ×

這時製作人剛好走進來。製作人一坐下來，便對著這位資深的經紀人說：「當初就叫妳不要簽他，現在他跑去敵對的公司，還說妳坑他的錢，沒有幫他推幾個大戲與節目，他都是靠自己才有今天，還說妳的帳都亂算，拍戲拍十個小時都沒讓他睡，只會去那裡收錢而已。」

資深經紀人聽完更火大，她立刻說：「他這樣說？帳不清楚他可以說，可以對帳；拍戲也不是我逼他拍十幾個小時，電視台邊拍邊播，哪有時間讓他休息，當然是劇組要求的！沒幫他接通告，就說我都對其他人好，幫他接了，他又在那邊說是別人逼他的，如果經紀人上完節目或拍戲不去收錢，叫藝人自己收能看嗎？老師對不起！我本來就直來直往，不要被我的脾氣嚇到。」她又繼續說她的遭遇。

× × ×

其實我跟這位藝人已經合作十幾年了，當初沒有任何一個節目要用他，這位藝人吵著要離開演藝圈，其實當時他已經找到其他的工作，我將這件事稟報給我的老闆，老闆說：「隨他去呀！不行就解約，我們也沒差，反正藝人也不用付他們底薪。」我心想怎麼會有這種消極的老闆呢？簽的時候跟別人說的很好聽，一旦不如預期，又想一腳把人踢開，莫非這就是演藝圈嗎？

我開始討厭我的老闆，於是暗暗決定了人脈拓展後，要自立門戶的計劃。在推這位藝人上節目的過程中，十分不順利，當時我想到只能用苦肉計了，我也知道自己年資很淺，於是我決定用跪的去求發通告的人，而我第一個跪的人竟然是眼前這位製作人。我當時直接衝到攝影棚，利用錄影空檔對製作人下跪，因為我知道送禮這種招數已經過時了。製作人見到我這麼有誠意，終於答應了我。回去後我告訴這位藝人說：「恭喜你！我們可以上某個節目了。」我聽見他開心的聲音，認為這一切都是值得的。

幾天後，節目播出後，收視率出乎意料的高，創下他們有史以來的最高紀錄，而每分鐘收視率最高點，都落在這位藝人身上。於是各台節目爭相邀請他上節目，從此他一炮而紅。而我也因受不了公司的制度，趁著這位藝人合約到了，跟他協議出走，也將全部廠商資料與各家電視台發通告人員名單，一併帶走。

出走後，我為了能讓這位藝人能在內地竄紅，於是獨自一人到內地混熟當地媒體，我不斷招待導演、製作人、唱片公司。還要犧牲自己與一些有利益的人搞曖昧，為的就是能將我的藝人推到中國。我心裡想著，如果他大紅特紅，我也可藉由他來找到線上有名氣的藝人，加入我開的經紀公司。

皇天不負苦心人，我果真把他推到高點，這時我的公司已經有七到八位大牌藝人。但我發現這位藝人，開始排擠其他藝人，端起架子。公司聚會都不到，還要求如果要他去參加還要開名車接送，也開始會比較公司裡誰最紅。

然而，這位藝人在最近合約一到，立刻與我翻臉，說我是吸錢鬼，利用他賺錢，也利用他招攬藝人上門。於是我心碎了，人心真的很難測。

× × ×

聽到這裡，我請她抽一張牌，她抽到了聖杯侍者，我告訴她說：「此牌叫侍者也代表國王與皇后身邊的保護者，暗指著妳過去一直保護著他不讓他受傷，主角杯子有條魚，表示妳也有賺到錢，也因為他讓更多人知道妳，其實也沒有誰欠誰的問題。你們是相輔相成，不管過程如何，至少妳的身邊還有一些藝人可以經營，建議妳不要去解釋，說不定那個人到別的地方之後，反而還會回過頭來謝謝妳。」

果不其然，這位藝人到了別的地方，還是與人鬧合約官司，被很多人形容難搞，也被一些電視節目封殺，從此就漸漸消沉。

—心靈小語—

社會上很多黑暗面，有些都是自己造成的，當人有名有利的時候，一定要感謝給予你的人，也要懂得應對進退的守則，不然當你有天名利盡失時，連恩人都會化成仇人。

客人檔案：算命師生死鬥

聖杯騎士

牌義：勇往直前、如臨大敵、趕盡殺絕、搶走舞台、企圖心強烈

很多人喜歡看命理節目，也覺得電視上的老師看起來都很有深度與靈性，但以下我親眼所見，電視圈命理師之間的明爭暗鬥的故事。

在我還沒開始上電視節目以前，就認識一位電視圈滿紅的命理師，他也常常分享他賺錢的方法，但我不喜歡像他一樣藉由賣東西來牟利，所以我都是聽聽他的分享而已。

我和他常常會一起吃飯與聊天，有一天他跑來找我說：「小孟，我最近被人陷害了！你可以幫我抽牌占卜一下嗎？」我問了他詳情，於是他開始說自己老師與人惡鬥的故事。

× × ×

二十年前，我的老師很早就在電視上成名，他很厲害，教我很多命理的知識。不過他希望我幫他賣一些中國命理的開運商品，這些商品都很貴，動輒十幾萬，甚至最多到三十多萬。

因為他的曝光度很高，也出了很多本書，是很多命理師崇拜的對象，我偷算過，他總共訓練了七十多個弟子，他將組織分成八字部門、紫微部門、風水部門、商品研發部門以及書籍研發部門。

師父說：「我們組織裡最賺的是風水與商品研發。」的確，風水的東西一般都會搭配開運的擺設與掛畫，有名的老師一次出去都可以賺上好幾十萬。接著他又說該怎麼洗腦顧客，就是盡量說客戶擺設不好的地方，這樣才能向顧客推銷商品，教他們如何改運。

老師要顧及自身形象，所以他不能親自推銷，只在電視上說可以用哪些東西加強運勢，如果有人因為看了節目想買的話，就會打電話給電視台的客服，客服會給觀眾命理師服務處的電話，要他們自己詢問。

於是我們會引導詢問的人來這裡看樣品，大多數的人都會直接買了。這些產品都是外面買不到的，所以他們的生意門庭若市，一個月都可以賺到上百萬。但觀眾越來越聰明，資訊越來越發達，所以這些東西越來越不好賣。

我也不喜歡賣東西的商業行為，因為有些客人買回家擺，擺一擺沒有功效，還會反過來告我詐欺，甚至還找上消基會，官司都處理不完。

於是我開始計畫離開師父，自立門戶，一開始都要免費幫別人算命和看風水招攬生意，漸漸地我在北部打出知名度，也開班授課。然而我的老師知道我發展不錯，於是展開一場算命師的鬥爭。

這時流言四起，我的老師到處對他的客人放話說我養小鬼、偷東西，才會離開他的門下，而且還說我因為不老實被人告……。此外，我的老師派人到我的教育班報名上課，拿走我自己編的講義，他們知道這本講義沒有申請版權，於是他們將這本講義改一改拿去出版，出版後還派人拿書向學生說：「這個老師的講義抄別人的書，還不要臉的在講義封面上寫作者是他。」

於是學員從二十人變成二個人，有些學員要求退費，認為我的品德有問題。我知道自己鬥不過老師，於是決定不再授課，把所有的時間用來幫客人算命，並且還幫算命館掛了大大的招牌。

這時客人絡繹不絕的前來，我並沒有被打垮，這些惡鬥反而讓我更有鬥志。

有一天，一位電視製作人出現在我的面前，跟我說：「我覺得你算的很好，表達能力也不錯，我的節目剛好需要一位像你這樣的命理師，不知道你可否來上節目，如果收視不錯，還可以變成固定來賓！」

我覺得自己的好運要來了，不過我也很擔心上節目後會不會引來更多的麻煩。節目播出後收視率果然節節高升，很多節目也希望我當特別來賓。

某天我去到攝影棚化妝室時，突然看到我的老師也是這個節目的來賓。開錄時，我坐在老師旁邊，沙發上卻突然出現兩根圖釘，我沒注意，一屁股坐下去，受了傷，製作人說先停機，問我有沒有事。

突然我的老師說一句話：「某某老師，要不然你先休息，我們先錄好了！」

我打起精神說：「我好了，可以繼續錄，沒關係！」

下了節目之後，我的老師向製作單位講了很多我的壞話，讓製作單位不敢再發我上節目。於是我就是跑來找你。

× × ×

聽到這，我請他抽一張牌，他抽到聖杯騎士，我告訴他說：「牌中騎士騎著馬，代表你要勇往直前，你的老師不是很好對付，他想要趕盡殺絕，並且搶走你所有的舞台。這時的你要像牌中的主角一樣騎馬打仗，企圖心要再強烈一點，因為你如臨大敵，像此牌的武者出征去，等待時間久了，別人還是會來找你，因為牌中你有拿杯子，杯子代表你會豐收得到東西。」

不久之後，這張牌應驗了，他告訴我，製作單位受夠了他的老師，因為他一直在說別人的壞話，製作單位開始懷疑起他的人格。於是他又可以去上那個節目，而他的老師後來也越來越少出現在電視上了。

－心靈小語－

當人老師，要以謙虛的心以及更大的包容力，來看待學生的成就，當學生越有成就時，老師也能分享到他的喜悅；有時越低調的老師，反而會召喚更多人來拜你為師。

Chapter 3

權杖牌組（Wands Suits）

客人檔案：舞台下的模仿天王

權杖ACE

牌義：找回自己、獲得自信、握得權力、回歸本體

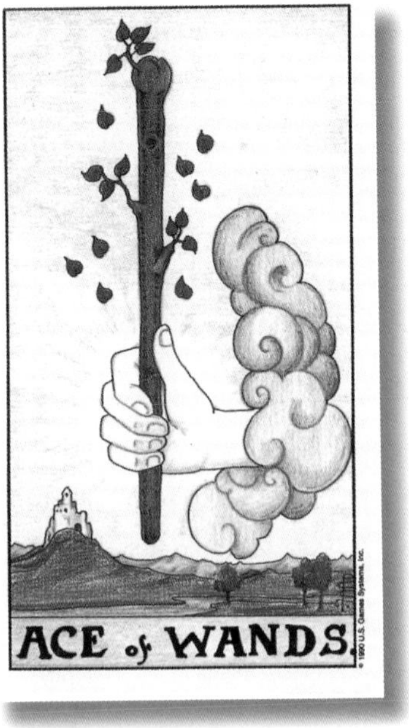

在二〇〇八年間，有一位顧客上門占卜，一進門全部顧客與工作人員開始騷動，這人不是當前最紅的歌手嗎？大家都上前找他簽名與合照，他也來者不拒都簽了名。工作人員衝進來跟我說：「××× 來占卜，要不要隔離一些顧客。」

我跟他們說：「先請他進來再說。」

這位藝人進來後，我覺得跟之前上節目看到的他有些不同，印象中他應該某個位置有顆痣，怎麼都沒看見半顆痣。於是我問他：「你真的是×××嗎？」那個人突然愣了一下，講話開始結巴。他反問我說：「我看起來不像嗎？」

我問他說：「你記得上個月我們有見過嗎？你還跟我說你家的狗很煩，最近要出國，你忘了嗎？」

他說：「對呀！我剛從香港回國好累，我家的狗現在很好，我跟牠相處越來越好了。」我立刻揭穿他：「你是跟我說你要去日本，還說你家的狗過世了你很煩，怎麼跟我講的跟上個月不同？」

他很緊張地說：「小孟老師你好，其實我不是那位藝人，我只是長得像他。別人經常以為我是他，所以我才一直假冒他。老實說我還真的有點上癮，今天就是來問，怎麼消除這樣的虛榮心。」

我問他：「你為何要一直假冒這位藝人呢？」

他很坦誠地告訴我，關於他自己的模仿上癮症。

阿西出生在雲林，從小他相當沒自信，他總是認為別人不肯定他的才華，從國小到國中很多人都不跟他玩，因為阿西很喜歡炫耀自己家有多好，爸爸買給他什麼，但很多同學都知道他的父親是莊稼人，沒有像他說的這麼好。阿西每天都打扮得很整齊，放假時也會研究流行時尚的東西。

在他考上高職的時候，剛好某位藝人正出道，很多人發現他長得跟這位藝人，簡直一模一樣，於是他想，如果自己模仿這位藝人的穿著打扮與髮型，搞不好很多人會因此崇拜他。

或許是虛榮心作祟，他從雲林搭火車到台中，只為了找一家店，幫他剪得跟那位藝人一模一樣。他花了大約八百元，剪完之後，從台中搭火車回到雲林的途中，很多少女問他說：「欸！你是不是某位唱歌的藝人。」此時的阿西驚訝到不敢回答。有趣的是當阿西越不回答，少女們越覺得他就是那位藝人，於是很多人紛紛找阿西簽名。阿西隨便鬼畫符簽個名字，卻被這些少女們當成是寶，他覺得自己以後一定要當藝人，於是他開始準備進入演藝圈的計畫。

當時台灣唱片業十分景氣，他投了自己的履歷表，很多唱片公司的音樂總監看見他，以為他是來鬧的，拿藝人的照片來貼在自己的履歷表，他等了很久都沒有回音，於是他打電話向唱片公司詢問說：「你們有收到我的信嗎？」

唱片公司回應說：「這位先生，不要拿別人的照片好嗎？小心觸法。」

阿西回答唱片公司人員說：「這是我本人，我跟他本來就長得一模一樣。」

唱片公司的人覺得不可思議，於是請他上台北來面試，當時阿西只有十八歲，他戴上墨鏡穿上皮衣，一個人坐著火車北上，到了台北一下火車，他發現一堆少女與少男紛紛尖叫，也想與他合照，他進到超商買東西，發現連店員都請他喝東西。甚至連搭計程車司機都少算他錢，此時的他下決心，以後一定要來台北工作。

到了唱片公司裡，櫃台小姐看見他嚇了一跳，以為自己是不是看錯了！突然間他看見一位大牌的歌手，這位歌手一進門看見阿西，立刻搭了他的肩，並找他抽煙。接著主管高層與他面試，音樂總監說：「阿西先生，台灣演藝圈不需要多一個一模一樣的人，你跟他太像了，要紅很難，因此會一直活在他的陰影底下，我勸你找出自身特色。而且你只能上模仿性的單元，很難長久。」

聽完音樂總監的分析，阿西也明白自己想要在演藝圈走紅，真的很難。他到了大學，還是不斷推銷自己，把自己的資料寄到劇組、節目、雜誌社，但都石沉大海。只有廣告公司，如果廠商預算有限，願意用他的臉，代表是那位藝人。

直到阿西當完兵後，他決定要來台北發展。他知道他長得像藝人，找服務業的工作，一定很好找。到台北之後，他找工作非常順利，很多飯店業者與餐飲業者，都希望他能來自己服務的地方工作。不過阿西並沒有因此而感到滿足，他覺得錢賺的太少了，他攤開報紙發現有男油壓師傅的工作，他心想，憑他的外在一定能在短時間內擁有高薪。

果真，當阿西到油壓店上班時，很多名女人都指定要給阿西服務，因為她們都覺得阿西像極了某位藝人。在療程中，有客人要求跟阿西更進一步的親密接觸，雖然感覺有點荒謬，但是為了錢，他什麼都可以做。

一年後，阿西開始被二位少婦包養，他開跑車與住豪宅，出門還會被很多的粉絲要求合照簽名。很多狗仔誤以為他是某位藝人，還發生過誤拍事件。現在的他仍然被包養中，而他來這主要目的是要來占卜，是不是應該離開台北，因為少婦給他超過千萬，他想要到內地發展也想創業，這麼多年下來他也累了，阿西明白自己只是個假藝人，無法變成主角，無法開演唱會，只能靠著別人的臉活著。

聽到這裡，我請他抽一張牌，他抽到權杖ACE，我告訴他說：「此牌主角拿著權杖，代表你想要宣示主權，也就是你想讓別人知道自己，不是那個藝人，但是又很想變成那位藝人，然而你始終是希望別人是用藝人阿西的身份來喜歡你，但因為當上了假藝人，使你在各方面很有自信，然而你卻失去原本的自我，你的生活會一直在矛盾中成長。不用擔心，此牌告訴你只要你前往海外創業，慢慢的會活出自己，但記得不要再用那位藝人的髮型與穿著，慢慢找回自己，開創屬於自己的一片天。」

希望阿西找到屬於自己的一條路，跳脫出與那位藝人相像的陰影，重新發展的路途能夠更加順利。

一心靈小語一

很多人都羨慕別人的行業有多好，所以不斷轉行，不料反而愈來愈迷失。當你看見別人的成功，你會很想追隨他的腳步，但別忘了，別人可能付出比你十倍的辛勞才換來如此成就，必須想想自己還有沒有哪些長處是可以超越別人的。

客人檔案：養老院的老人偵探

權杖二、權杖三

牌義：智慧、等待、希望、期待、撥雲見日、忍耐（權杖二）等待有結果、期待有回報、一帆風順，夢想成真（權杖三）

某年有幾位年邁的老人，大老遠到台北東區找我占卜。他們說：「我們只想要問一個問題，是關於養老院的。」我聽到養老院便充滿心疼。原來這群老人都是從養老院過來的。我跟他們說：「你們想問養老院什麼問題？」於是這群老人開始說出他們在養老院的故事。

彩香是養老院最有正義感的老婆婆，他的兒子過世之後，媳婦就把所有重心放在工作上，而媳婦從事國外業務，長期必須國內與國外兩地遊走，因此她就必須幫忙照顧孫子。

當孫子上大學之後，彩香行動開始不方便，長期需要別人照顧，媳婦對她不理不睬，讓彩香相當心寒。不過她告訴自己只要每天能看見孫子就好。一天晚上，媳婦告訴她，她想移民，並且要帶著小孩一起到美國，希望彩香能將房子變賣，變賣之後的錢，可以供她自己到養老院養老。

媳婦告訴她說：「妳要不要乾脆留在台灣就好，現在台灣的養老院設備都很不錯，妳如果住在養老院，還有一些親戚來照顧妳，又有老人年金與健保。現在國外的醫療照護很麻煩，妳又不懂英文，到哪裡都不太方便。」彩香聽了媳婦的建議，無奈的點了頭。

人老了，就沒有人要了，她開始覺得活不下去，因此她開始經常到祖先牌位上香，流淚抱怨。幾個月後媳婦把房子賣掉，彩香也同意，媳婦留了一些錢給她。臨走前媳婦告訴婆婆，她已經幫彩香找好養老院了，一周後會來接她，而房子會在下個月由房仲來交屋給新屋主，並且媳婦自作主張，將家中牌位拿到廟裡供奉。

媳婦走後，彩香非常難過感嘆，老了之後，空有這些錢有何意義，她開始想到自己以前為這個家付出很多，經歷老公外遇，自己的兒子又過世，現在孫子又要離她而去，連媳婦也要遠走高飛。於是她決定燒炭自殺，過程中當她昏迷不醒時，突然聽到客廳有人打破花瓶的聲音，好像人正在翻東西，但她心想自己已經慢慢接近黃泉路，因此她只任憑濃煙吞噬氣管。突然間有名男子撞開了房門，將她搖醒並打電話叫救護車。彩香在醫院醒了之後，才發現自己居然沒死，反而在醫院，但到底是誰救了她？

醫院因為聯絡不到家屬，於是找上了當地的里長，里長不斷勸她說：「自殺死的人，是無法見祖先的，反而會下地獄或者是不斷重複死亡。」彩香聽從里長的建言，開始對自己說：「為了以後能見自家祖先，一定要好好活著。」

回到家中，因為家裡遭小偷，錢與貴重物品，甚至連存摺也被偷了。里長緊急報警，警方透過監視器逮到人，彩香到了警局之後，問小偷：「是你救我的嗎？」小偷答：「我進去偷東西，看見房間不斷有煙冒出來，發現妳正在燒炭自殺，我想說救妳一命，等妳送到醫院之後，我比較好偷。」然而彩香還是認為小偷是救命恩人，希望警方不要起訴他，不過警方還是將他移送法辦。

幾天後，彩香從銀行將錢拿了回來，有位理財專員希望她買黃金與外幣，她心想現在有一千五百萬，這麼多錢搞不好還會再被別人騙走，還是聽理專的話還比較安全。於是她拿出五百萬買黃金，五百萬買外幣。

此時，養老院也派人來接彩香，進到養老院時，覺得環境確實不錯，另外付費還會定期有看護及醫生約診。她想還有這麼多的老人可以當朋友，想一想也很不錯。一年之後，彩香在與養老院的朋友聊天中，聽到很多子女不孝的故事，她也看到有老人付不出錢，要被趕出去，於是她也會發起所有老人，捐一點錢幫無法支付的老人代墊。

但最近全部的老人都發現，為何他們每天都一直在睡，剛睡下去起來吃飯又想睡，而身邊的健保卡，常常被院長拿去幫他們拿些健康方面的藥，而這名院長自己本身也是醫生，這些藥大多從自己的診所開出來。

院長有時還會希望幫他們打點滴或營養針，有天下午媳婦帶著孫子來找彩香說：

「美國的房子倒了，我與小孩要搬回台灣找房子住，妳在養老院過得好不好？」彩香告訴媳婦：「養老院不錯，每天都會給我們打營養點滴與營養針，還有開一些健康的藥給我吃，每次吃完都很好睡，所以我每天都在睡。」

媳婦拿起彩香的藥包打開一看，這不是安眠藥與抗憂鬱的藥嗎？媳婦告訴婆婆要小心這間養老院，不要再吃他們的藥，也建議婆婆換一間養老院。

因此晚上看護要餵彩香吃藥時，彩香說：「我今天不想吃藥，因為我的肚子不太舒服。」看護說：「阿嬤，不可以不吃喔，院長說這個藥是可以讓妳健康的。」彩香告訴看護說：「那我自己吃可不可以，不用麻煩妳餵我了。」看護說：「院長交待一定要看到老人吃下去才能走，這是我們的職責。」

說到這裡，彩香突然問我說：「老師你不覺得這間養老院很奇怪嗎？為何要逼我們吃藥，不吃難道不行嗎？」我聽完後也覺得很奇怪，於是打斷彩香的話，請她立刻抽一張牌，我心想，一定要知道到底這間養老院，是不是有問題。於是彩香隨意抽了一張牌，此牌是權杖二，我用台語告訴彩香與在場的所有老人們：「此牌主角拿著一顆智慧之球，代表你們會越來越有頭腦，去發現一些問題與弊端，主角望向天空都沒有雲朵，代表你們會撥雲見日，但你們站在台階上一動都不動，代表著你們在等待時機點，然後將這些問題一網打盡。」

話一說完彩香點了點頭，對我說：「老師你算得很準，但我還沒講到最後，也如你牌所說我們正在看這間養老院，到底在玩什麼把戲。」抽完牌之後，彩香又接著說下去。

那天彩香勉為其難的吞了看護給的藥，隔天她將媳婦帶來的護肝藥與養老院給的藥掉包，到了晚上，看護將藥包的藥拿給彩香吃，當她吞完全部藥，那晚她完全睡不著，她開始認同媳婦所說。於是她嘗試了好幾天，發現她沒吃養老院給的藥，精神反而更好，於是她決定將這件事情，告訴養老院一些跟她比較好的人。

養老院的其他人聽完，覺得太不可思議，這間養老院這麼正派而且衛生也很好，不可能做這種事情，於是她拿媳婦給的藥勸其他老人換藥看看。

隔沒多久，許多老人也發現藥有問題，老人們開始打電話給自己的家人，叫他們帶一些護肝的藥或者顧頭腦的藥，因為他們想要調包養老院給的藥。

聽到這裡，我問這些老人為何不跟子女求救呢？老人們回答我：「子女會把我們送到這來，都希望我們能睡就睡，能不打擾他們，就盡量不要打擾他們，況且他們也會覺得吃安眠藥也沒什麼。」這時的我不禁感慨，怎麼會有這麼多不孝的子女呢？

彩香接著又說，當時太多老人沒吃養老院的藥反而睡不著，我們晚上都會到大廳下棋與喝茶聊天，感情更好了。有天外頭的警衛，發現我們一群老人半夜都不睡，告訴了院長。隔天，看護說：「院長要幫你們加強藥喔！你們要再多吃幾顆藥。」這時她們知道被發現了，而這群老人，到了晚上還是起來聊天打屁。

幾天後，在半夜裡，有位老人看見廁所有鬼，穿白衣服，而且還吐出長長的舌頭，拿一隻耙子要向他索命，這個老人嚇到半夜不敢再外出了，也不敢上廁所。不過有個當過軍人的老人笑說：「怎麼會有鬼，況且鬼也是人變的，有什麼好怕。」他很大膽的半夜不睡，前往廁所大號，還抽了煙，不一會兒他看見廁所的燈忽明忽暗，也聽到有人在唱國歌的聲音，也有人在沖水，他嚇到頭也不回的往寢室跑，躲在棉被裡睡了過去。

於是他們停止半夜的活動。很多老人想要上廁所都盡量憋著，有人還因此得到膀胱方面的疾病，老人們晚上只能躲在寢室獨自看電視，警衛看見半夜很多寢室燈火通明，命令老人要就寢，不然會對身體不好。

一個月過去，院長向全部的老人說：「因為大家晚上都不睡，都在看電視浪費電，所以要多收五百元，若情況沒改善的話，還會再追加。」老人們覺得這個院長看起來人品不錯，怎麼會說這種話呢？有些老人這時還替院長說話，說院長這麼做是為我們好，希望我們早點睡。

一天夜裡，彩香被隔壁的老人搖醒，這位老人告訴彩香說：「我肚子好痛喔！想要拉肚子，但是廁所有鬼，妳可以陪我去嗎？」於是好心的彩香決定陪她一起去。彩香蹲在廁所外頭，突然看見警衛在換衣服，換上白長袍還有戴上假髮遠遠朝這裡走來，彩香突然明白原來鬼是警衛假扮的。彩香慢慢爬到各個寢室，呼叫許多男性老人起床，彩香告訴老人們：「我知道鬼是誰了。」於是他們全體衝到廁所外頭，鬼警衛看見彩香，要拿東西嚇她，彩香立刻將他的假髮扯了下來，還扯下他的假舌頭，所有老人都非常震驚。

事發之後，所有老人要求院長要出面負責，老人們說：「如果院長不出面處理，就要報警處理。」院長不想把這件事情鬧大，告訴老人們會換掉警衛，並且將他移送法辦。

幾個禮拜後，院長不再管老人半夜要起來活動以及收看電視，有可能是擔心老人會將此事渲染出去。幾個月過去，彩香接到銀行理專打電話來老人院找她，告訴彩香說：「我幫妳投資的標的物，整整漲了二倍多，所以妳現在的資產有兩千五百萬，那妳要贖回嗎？還是要繼續放？」這時彩香覺得繼續放好了，反正自己也用不到錢。

過幾天，院長說以後晚上都會有甜點，吃完會比較好入眠，於是大夥吃完果真很好睡，有的人還一睡睡到下午，都沒精神起來活動。老人院還派人來檢查，所有老人的健康狀況，每個人檢查出來都有問題，必須帶回診所另外醫治，有些老人嚴重到還要切掉腎臟。

正當彩香覺得有問題時，媳婦來了。她將所有的事告訴媳婦，媳婦決定暗中調查這件事情。此外，媳婦也問彩香，是不是有塊地在林口？彩香想到那是以前父親的地，不過她早就忘了有這件事情。媳婦說那塊地是屬於妳的，大約有兩千多坪。

彩香告訴媳婦：「如果那塊地真是屬於我，我想蓋養老院，況且在銀行裡，理專幫我投資將存款到二千五百萬，我的手頭還有四百多萬，我們可以一起來經營養老院，把這一些老人都接過去。」

彩香的媳婦蒐集很多證據，發現養老院拿老人的健保卡開藥，圖利自己的診所，還打了一堆沒有意義的針，亂用健保資源。更可怕的是，還以生病為由，欺騙老人切腎來換錢。而每天給他們吃這些安眠藥，只是要減少人力成本，因為老人吃完就睡，也不會起來看電視、找看護甚至打電話。而這些老人的家人也覺得他們在養老院中，睡得很放心，相較於一些比較大的養老院，都會舉辦一些藝文活動、才藝活動找人來表演，這些錢他們可以完全省下來。

彩香這時問我：「我在想我媳婦調查的是不是真的，因為她告訴我，她有來給你算過，你有勸她要跟我一起開養老院，所以我才來預約的。」

於是我又請她抽一張牌，她抽到權杖三，我告訴她說：「牌中主角看見了船在海面上，代表著船要進港了，而船也代表豐收，告訴妳不管真相如何，妳都要開養老院，因為船靠航代表期待有回報、一帆風順，夢想成真。」至於這個養老院有沒有問題，老婆婆也抽了另外一張牌，不過這是我和老婆婆的秘密，我也有告訴她應該要如何處理。後來彩香與她的媳婦經營養老院，並且很開心的在自己的養老院養老。

－心靈小語－

做媳婦的人一定要懂得孝道，不管妳的婆婆有多難搞多不好應對，當妳在盡孝道時子女會看得到，以後當妳老時這些子女也會有樣學樣的對妳好。

客人檔案：急診室的醫護人員

權杖侍者

牌義：守護、盡忠職守、堅守崗位、忠誠度高

二〇〇六年，我剛來台北時，某天晚上開始不斷氣喘，我的氣喘已經很久沒有發作了，我立刻走出家門，招了計程車到醫院掛急診，在急診室發現，半夜的急診室，竟然有黑道將醫生打傷的狀況。

我躺在床上含著呼吸器，看見醫生汗流浹背。醫生問我：「你是從事什麼行業？」我說：「我是算塔羅牌的。」醫生回答我說：「我正想算算要不要繼續工作，可以幫我算嗎？」於是我給他一張名片，可以直接找我。

幾天之後醫生預約占卜，他跟我說：「我想自己開醫美診所可以嗎？」於是我請他抽一張牌，他抽到了權杖侍者，我說：「此牌侍者，代表是守護國王與皇后的警衛，這也代表你是一位守護與保佑我們的人，你非常堅守崗位，且忠誠度高，如果你轉做醫美會很可惜。我建議你留在目前的醫院裡，也能服務更多的人。」

醫生很不悅的說：「醫生在醫院都要待很久，還要被病患家屬罵，那天還被黑道盯上，那還不是最嚴重的事，外科有人開刀後，病人死了，醫生被判要賠千萬鉅款。而且連護士有好幾個都離職了，你知道為什麼嗎？」

醫生繼續說：「他們要輪三班，有時下班都是半夜，隔天早上有護士請假，沒辦法來的話，他們就必須繼續做，只能直接倒在休息室小寐，就算生病也無法請假，但薪資還是少得可憐。」

我跟他說：「從牌來看，你若是想做醫美也是會成功，但是如果你做醫美，病患就很難再遇到像你這樣好的醫生。」

他卻說：「現在很多醫生都做醫美了，賺的多也輕鬆，遇到的都是女孩子，也比較不容易遇到找麻煩的人。醫生被流氓、黑道威脅，是常有的事。之前有位醉漢躺在馬路上，被車子壓過手指，我們將他傷口縫合，他突然醒過來向我揮拳。但我們又不能報警，他搞不好以後會來找我麻煩。還有一次，病人出車禍，半夜送來急診室，當我正要急救，他卻過世了，家屬將所有的錯全推給我，要我負責，不然他們要抬棺抗議。」

聽他這麼一說，我才知道當醫生真的很難為，因此我便請他自己決定吧！後來這位醫生果真在大安區附近開了一家醫美診所，不過當時我覺得太多醫生開醫美診，所反而更競爭。

二〇一一年時，我收了一位徒弟，她跟我說之前在醫院擔任護士，每次要來這裡學塔羅都很困難，因為醫院的護士流動率太高了，每個月的排班又不能很固定，所以她想要辭掉這份工作，我跟她說：「妳真的不後悔？護士的薪水有五萬，算待遇不錯了。」她反過來跟我說：「我每天睡眠不固定，還要忍受病患的指責，有時還要超時加班，很多人都找不到男友；有男友的人，都擔心他會不會劈腿，若以後生了小孩，工作生活作息不正常，我要如何規劃親子生活呢？我寧可錢少點，起碼能有更多時間與空間陪陪小孩。」

二〇一二年初，當年的那位醫生回來找我，他告訴我：「我最近有個官司，一位空姐來我的診所隆乳，回去之後胸部的矽膠出了問題，所以胸部一邊大一邊小，於是她告我詐欺與醫療疏失，我想要來問可否順利解決。」

從這則故事中，就可以知道每個行業都有風險，這位醫生以為只要做醫美就沒有風險，其實只要是技術性的工作，都容易招來風險。也希望政府或者相關部門能協助這些醫生及護士，調整他們的工作型態與時間，否則當醫生、護士對於工時的無奈加重，轉而投向醫美診所，如此一來，醜人有救，病人無醫，全民都將蒙受其害。

－心靈小語－

任何工作都有優缺點，如果大家都貪圖輕鬆的工作，相信那些做輕鬆工作的人也很容易被取代，有時候在工作中創造無法被取代的價值，旁人反而認為沒有你是不行的。

客人檔案：身價千萬的遊民

權杖國王

牌義：得到幫助、貧民成國王、得到善果、照顧弱者

二〇〇七年台北東區占卜室外，來了一個讓我很佩服的客人，這個故事，我到現在都無法忘懷。

一天晚上，一位穿著破爛的遊民前來占卜。當時我看見他進來時，渾身惡臭，於是我叫工讀生去買個手套給他戴，以免我的牌洗完後要換新的牌。這位遊民說：「這個手套只有我需要戴吧！你看我穿這樣就嫌棄我，如果是穿金戴銀的客人來，你不就把他捧得高高在上。我不是沒有錢，我錢多著呢。」

我自覺有錯，便硬著頭皮跟他道歉。我問他要問什麼，他告訴我：「我想開麵包店，我在找地點，不知道哪裡比較好？」他抽到權杖國王，我告訴他說：「此牌主角是國王，國王拿著權杖，代表得到幫助，而且你將從草民變成國王，或許你有得到善果，而且你以後也會想幫助人。因為要當上國王，必須要有很多幕僚的幫助，草民是因為權杖是木頭做的，木頭須要劈與扛，所以你是在勞碌中變成國王。那麼，你為何要開麵包店？」他聽完之後，開始跟我說起他的故事。

× × ×

我年輕時是麵包店老闆，起初生意非常好，後來同業眼紅，一直想要對付我。

當我生意好到要排隊時，我想要開分店打進貴婦市場，我將所有賺的錢，都賭在第二家店，並且又再找兩位師傅進來幫忙。一開張生意大好，賺了很多錢，這時我捐了很多錢給廟裡。

有天下午有位尼姑進來買麵包，她跟我說：「你是老闆嗎？」我回答她說：「是啊！」她說我眉心氣很混濁，要當心血光之災，並且還說我很快就會落魄，但是不要擔心，晚年會發大財。尼姑離開前說：「你送我這些麵包，我明天給你一張圖好不好？」

我心想就送妳就好了，還要送我圖真是多此一舉。隔天一早尼姑真的帶了一幅圖給我，要我在生重病時才能打開。不管颱風或下雨，都不能把這幅圖弄丟。時間一到，我會自己送還給她。

於是我拿了一些麵包，給尼姑收下，這位尼姑很詼諧的告訴我：「我在減肥，不能吃。」

半年後，同業競爭越來越激烈，對手花雙倍的錢，買通店裡頭的師傅。一天下午，好幾名顧客跑到店裡說：「這麵包裡都是蟑螂！」於是消息漸漸傳開，大家紛紛不敢再去買。

而我雖然少了一些客人，不過還是賺錢，這時我將兩家店都買了下來，到此為止，我對尼姑的預言還是半信半疑。直到有一天，一群西裝筆挺的人走了進來，告訴我：「我們老闆有意收購這裡的房子，改建成大飯店，以後你們就能變成高級飯店裡的頂級西點餐廳，而我們會以雙倍的價錢跟你買店面，飯店還會分股份給你當股東，一樓給你做店面，不收房租。」當下我覺得這件事很不可思議，恰巧麵包店的師傅跟我請辭，因為家中有事，所以不能再繼續服務，他也建議我，可以把這家店面賣給飯店改建。

評估之後我決定放手一搏，然而賣掉後，才赫然發現根本沒有飯店改建這回事。更驚人的是，原本的店面被改建成對手的麵包店，我的麵包師傅離職，正是為了要在那裡工作。

我心想，好險我還有另一家店和之前賣掉房子的錢。然而，等我回去之後，才發現另一家店也被通知易主了！我十分錯愕，回去仔細看合約，才發現裡頭竟然多寫了另一家店的地址，而且還蓋了法院章。

我回想發現原來簽約時，對方律師只念了其中一間的地址，並沒有念出另一間的地址，還叫我直接在這簽名就好。我才覺得自己被騙，兩間店加起來，竟只賣這樣的錢，而且店名還被對手拿去用了。

於是我將僅剩的錢拿去再開麵包店，故意開在對手後面的巷子，並且請很多人免費吃麵包。不過對方也不是省油的燈，租下我左右兩邊店面，掛輓聯、燒金紙，還請人唱五子哭墓，刻意在外面擺棺木。

客人看了嚇到都不敢過來，於是同業生意越來越好，而我則散盡家財。一年後，我身無分文，麵包店也收起來。我告訴自己，不能生病，因為手頭並沒有錢能治病。於是我就這樣到處行乞過了二十年，遊走在台北車站、萬華龍山寺、地下道。

去年我得了腎結石，然而當時身無分文，只能強忍著痛苦，我突然想起，二十年前有位尼姑跟我說：「你在生重病時才能打開，不管颱風或下雨都不能把這幅圖弄丟。」於是我打開行李箱，拿出珍藏二十年的圖。打開一看發現是一張地圖，這地圖上是台北的街道圖，有個地方畫了一個圈圈，上面寫著來這裡拿錢看病。

我沿著地圖走，發現是一間五路財神廟，由於走了太遠，病情又加重昏了過去。在夢裡我看見五路財神跟我說：「我那裡有塊金牌，你起來後，記得去拿，不會有人發現，拿去典當，但是記得要簽……號碼。」我醒來之後發現果真沒人，於是我不管是真是假，先偷了再說，偷完之後拿去當舖典當，之後立刻去就醫。在醫院躺了兩天，我又夢到五路財神，財神說：「快去簽，不要錯過。」睡醒之後真的去簽，竟然中了五千多萬。於是我打了一個更大的金牌給五路財神，這些錢就是我的創業資本。

× × ×

後來他真的開了一家麵包店，我還應邀到他的店面裡，在牆上簽了名，他穿起師傳裝的樣子真帥。每天下午他都會拿麵包給一些遊民吃。他告訴我，他在電視上看見那位尼姑，於是他將地圖送回給她，並且送給她一卡車的麵包。我看見她現在過得如此開心富足，真心覺得只要好心就會有好報，世間的因果報應，都是有道理的。

－心靈小語－

當人一直存有善念，不管你今天走到哪裡都會有人幫你；當你存有惡念時，你要更加的當心存有善念的人，因為他們所累積的福報未來將會大過於你。

Chapter 4

錢幣牌組（Pentacles Suits）

客人檔案：惡鄰記

錢幣ACE

牌義：得到錢財、獲得好處、善有善報、學習成長、真相大白、康莊大道

二〇〇五年秋天，發生了一件極度驚悚的占卜案例。

當時住在雲林的蕭太太前來占卜，她臉色慘白地說：「我想知道隔壁鄰居會不會殺害我？」我說：「怎麼說呢？」蕭太太開始說出她的驚悚經歷。

蕭太太住在雲林的高級透天住宅，一天下午從台北搬來一家人，這家人看起來人很和善，蕭太太很開心，因為她有兩位非常活潑好動的女兒，一直以來就是少了玩伴。隔壁鄰居是單親家庭，一個媽媽帶著三個小孩，媽媽名叫詮惠，三個兒子老大綽號阿六，今年十九歲，他是一位非常孤僻的小孩，常常躲在家裡房間，偷看別人的一舉一動，也幾乎不出門，老二綽號小寶，老三綽號森田。

蕭太太告訴老公說：「真好，我們有新朋友了，不如晚上我們拿一些酒菜，與他們聊天聚聚。」晚上，他們走到詮惠家敲門，他們好似聽到裡頭有打架與吵架的聲音，蕭太太一進門立刻問：「發生什麼事了？」詮惠連忙解釋說：「小孩在玩有時會比較大聲。」

吃飽後，詮惠與蕭太太一起喝酒，蕭太太不小心打破杯子，清理碎片時不小心手被割破，她立刻走到廁所清洗傷口，她彎下腰要找面紙，發現有好幾罐藥，每罐藥都有寫治療「Delusional disorder」，她就默默把這件事放在心上。

隔天一早，蕭太太帶著自己愛犬到公園散步，留下自己的二位女兒與新來的三兄弟玩，這兩位姐妹與小寶和森田玩得很起勁，小寶拿刀劃破雙手，告訴兩姐妹想結拜為兄妹，這時兩姐妹嚇了一跳：「你用刀劃破雙手不會痛嗎？」小寶回答說：「我習慣了。」

傍晚蕭太太的大女兒，獨自坐在家中庭院七尺高的石桌上，小寶與詮惠走了過來。突然間蕭家女兒從石桌摔下骨折，蕭太太與老公立即狂奔進來。詮惠用無辜的眼神看著蕭太太說：「她自己掉下來的，怎麼這麼不小心呢？」

不過蕭太太覺得很奇怪，以前坐都沒事，怎麼現在坐會有事。到了晚上蕭太太問女兒說：「有人推妳嗎？」

女兒回答說：「有人推我，但我不敢說，因為我沒有看到人。」這時蕭太太開始提防詮惠一家人。

幾天後，蕭太太一直找不到自家的狗，她很著急，她一路走到當地國小的外牆，看見自己的狗已經口吐白沫死了。蕭太太懷疑一定是有人把牠帶來這裡，她找鎮上的獸醫鑑定這隻狗是怎麼死的，醫生說：「這隻狗吃了很多老鼠藥中毒而死。」蕭太太再度懷疑是隔壁鄰居搞的鬼。

她回家後告訴先生狗的事與小孩被推一定有問題，老公跟她說：「妳不要想太多，這兩件事不能兜在一起談。」蕭太太的老公一直很想幫助詮惠的大兒子走出家門，他常約阿六打籃球也教他如何種花，也時常帶他爬山。詮惠很謝謝蕭先生的幫忙，讓阿六變得開朗許多。

一天晚上有輛車開來詮惠的家裡，對方拿著球棍也帶了刀，這時蕭太太聽見詮惠一直喊救命，立刻打電話報警，警方來到詮惠家，把嫌犯帶走。

嫌犯被警方帶走前說了一句狠話：「妳殺了我的小孩，我不會讓你們好過。」詮惠告訴蕭太太：「剛剛那位是我前夫，他是想要回來搶小孩，我獨自一人要帶小孩，他都沒盡到半點責任，我們常被他施暴。」於是蕭太太與老公開始心疼她。

某天，她打開報紙，赫然看見詮惠的前夫燒炭自殺，不過報紙刊的死者小檔案裡，寫到家中成員一個小孩已過世，太太死於心臟病。

蕭太太看完發現那個男人根本不是詮惠的前夫，此外報導指出，死者的遺書留說：「我要血債血還，王氏一家人殺了我小孩。」蕭太太嚇了一跳，王氏一家不就是隔壁鄰居的姓氏，她立刻把這事告訴老公，老公立刻跑去敲詮惠家的門。詮惠一出來，蕭先生跟她說：「妳前夫死了。」詮惠說：「死了就好，這樣就不會來騷擾我了。蕭先生我還有事我先忙，下次有空再招待你。」話一說完就轉身關門。

幾天後，蕭先生又約阿六到山上爬山，當爬到頂點，蕭先生站在山崖邊，感受新鮮空氣，突然阿六拿起彈弓，將彈珠射向蕭先生的腳，這時蕭先生腳重心不穩跌了下去，蕭先生奮力抓到一株草，他對著阿六大喊：「救我！拜託救我！」阿六說：「我幹嘛救你？我要看著你們全家一個接著一個被我殺掉，我好開心。」

蕭先生滑落山谷摔成重傷，阿六以為蕭生先已經死了，自顧自的走了。蕭先生掉落山崖後，來了一位採茶的阿伯，阿伯立刻將他送去醫院，送醫院時有找到他的口袋放有證件，警方與醫護人員立刻通知家人前來。

蕭太太一來問先生：「發生什麼事？」蕭先生將今天發生的事跟她說，這時蕭太太很生氣衝到詮惠家要找她兒子理論，但是詮惠不在，出來應門的是阿六。她開始臭罵阿六一頓，阿六很生氣地拿出球棒與菜刀，向蕭太太砍去，然而由於蕭太太要過去時已經先報警，於是警方立刻衝進來阻止。蕭太太在詮惠家，又看見那幾罐藥，她偷一罐帶走，並在準備離開時，她看見家中狗的鏈子竟然出現在詮惠家！這時她真的嚇壞了。

聽到這裡，於是我請她抽一張牌，她抽到錢幣ACE，於是我說：「此牌有手拿著錢，代表妳會因此得到錢財與獲得好處，錢也可解讀為智慧。所以經過這次妳會學習成長。牌中沒有雲霧，代表會真相大白，撥雲見日，牌面下方有條小路且沒有任何屏障，代表通往康莊大道。」

幾個月後，她提了一袋水果過來向我道謝，她說：「阿六因為有妄想症，常把不是家人的人與動物，當成是老虎。法院問我們要不要起訴他，這時詮惠給我兩百萬，要和我和解。她很坦誠地告訴我：『阿六在台北時，常害人掉到懸崖與海裡，造成很多人失蹤，所以我們一直在搬家躲避。阿六每天發作時便會打弟弟出氣，有時也會想加害外面的人。我想再幫我兒子掩蓋可以嗎？幫幫我們一家人好嗎？』然而我早已在口袋裡放了錄音筆，後來我還是報警處理，警方就將阿六與詮惠移送法辦。」

蕭太太跟我說：「老師，你說我會有一筆錢，真的有了，但我不想拿，因為我怕會有更多人受害，我想這樣我也是在做好事。」

一心靈小語一

父母教育小孩時，不應該掩飾小孩的錯誤，因為一個小錯誤，未來會延伸出無法收拾的大錯誤。

客人檔案：騙婚記

錢幣四

牌義：自私、只顧自己、勢利、不在乎別人

二〇〇六年，有位住在嘉義的女子前來占卜，她問我要不要告自己的婆婆詐婚，我心想這年代還有詐婚這種事啊？我問她到底發生什麼事，她便娓娓道出這段悲慘又匪夷所思的故事。

美雲是一位養女，從小沒有什麼志願，只希望有朝一日能嫁個好老公。

長大之後，她與養父一起在嘉義賣麵，生意很好，其中一個原因是她長得很漂亮，很多男客人來這裡吃麵，其實都是為了想見她。

一天下午，有位呂太太到麵攤來，她一見到美雲認真勤勞的樣子，就知道她一定會旺夫。之後她常常來到店裡，還說要幫他們的麵攤展店。她一直積極地想出些錢，幫美雲一家找店面，開一間有冷氣的麵店。她也告訴美雲，父親年老了，不要讓他這麼辛苦，在外面曬太陽。美雲告訴呂太太，他們家不受人幫助與同情，就算再苦，他們都會靠自己的雙手，打造屬於自己的麵店。呂太太當下聽完非常感動，直說要幫美雲介紹一位好對象。

一個月後，呂太太帶著她的兒子前來，她告訴美雲說：「這位是我的兒子，名叫龍天，雖然他只是養子，但我待他如親生一般。妳看他是不是一表人才？」美雲見他果然長得老實誠懇，蠻討人喜歡。

往後，呂太太叫龍天要在店裡幫美雲的忙，並且不用支薪。呂太太跟美雲說：「他的薪水算在我頭上。」這時美雲心裡笑了一下，感覺呂太太非要自己嫁給龍天不可。

轉眼間過了一年，龍天發現自己越來越喜歡美雲的個性，感覺美雲是一位獨立與自主性很高的女孩，他很好奇，像這樣的女孩，怎麼都沒有人喜歡她呢？於是他問美雲之前有沒有談過戀愛，美雲回答他說：「我們認識一年，你現在才問這個問題。我沒有談過戀愛，我從小就知道要守貞，把最好的留給丈夫。」

龍天驚訝於她竟然這麼有傳統貞操觀念，跟以前認識的女孩完全不一樣，他越來越積極追求美雲，而呂太太見時機成熟，便向美雲的父親提親，不過父親捨不得美雲離開，因此要求呂太太如果女兒出嫁，也要來幫忙他的麵店。呂太太請美雲父親放心，就算美雲嫁過來之後，也能每天回家幫忙。

很快地，美雲與龍天結婚了，婚後，呂太太拿出七十萬幫美雲與父親開了一間很有質感的麵店，也請了很多工讀生進來幫忙。呂太太的用心，美雲看在眼裡感覺到很窩心，覺得自己欠了她很多人情。

然而嫁給龍天之後，龍天卻都不與她行房。直到有一天，她覺得很暈，很想睡，在半夢半醒間，她感覺龍天在與她行房，但又很像在作夢。這樣的情況長達三個月，她懷疑自己是不是想太多了。另外，她也發現呂太太每到晚上都消失不見，她問龍天，呂太太在哪？他總是回答，在活動中心看人表演吧。

有一天，美雲心想婆婆對自己那麼好，不如買些東西去活動中心找婆婆，順道看看她在做什麼好了。美雲提著飲料與削好皮的水果，來到活動中心，她發現婆婆牽著一位駝背還歪頭的男子，她不明白婆婆為何要牽著他。

當婆婆看見美雲出現，她很生氣。大聲罵美雲說，是誰告訴妳我在這裡的。美雲愣了一下，不懂婆婆為何要那麼生氣，只不過是來到活動中心而已，有必要那麼激動與氣憤嗎？

就在這個時候，旁邊那名男子，用結巴的聲音說：「媽媽嚇到我了！」呂太太發現自己太小題大做了，她立刻輕聲細語地告訴美雲：「我平常不在家，都在做義工，照顧喜憨兒。」

美雲心想，這也沒什麼好見不得人，於是她反問婆婆說：「為何他會叫妳媽媽呢？」這時呂太太立刻解釋：「我照顧這位喜憨兒已經有五、六年，他看見我都會叫媽媽。」

突然間，這位喜憨兒開口，並且指著她說：「妳是美雲，妳是美雲。」美雲很驚訝，為何這個喜憨兒會知道她的名字？

呂太太突然緊張的插話說：「我每天都和他說，我多了個女兒。她長得很美也很孝順，所以他一看見妳，才會想到我跟她說過的話。」美雲才明白，喜憨兒原來也會有這麼好的記憶力。

一次，美雲與龍天一起參加別人的喜宴。這天晚上，她喝醉躺在床上，直到半夜，她感覺到有人在觸碰她的身體。不過她懷疑自己又在做同樣的夢，因此她不知不覺又入睡了。

過了不久，她發現自己竟然懷孕了，她將這消息告訴龍天一家人。呂太太一聽，立刻買了很多中藥幫美雲補身體。不過美雲一直告訴呂太太，自己不可能懷孕，因為她根本沒有和龍天正式行房。

這時呂太太告訴美雲：「妳一定是在半夢半醒間，和龍天發生關係，自己都不知道。」

於是她晚上便問龍天說：「我的夢是真的嗎？你晚上都和我行房，卻不叫醒我？」

龍天回答：「因為我有奇怪癖好，喜歡在對方入睡時發生關係。」

她因此與龍天大吵一架，因為她很在意自己的初夜，但想不到第一次竟然莫名其妙的給人了。

她開始懷疑龍天在半夜對她下藥，不然怎麼會發生這樣的事，竟然都沒有疼痛感呢？因此她決定生完小孩，一定要調查清楚。

後來，美雲生下一位男丁，呂太太開心得不得了，還一直說妳辛苦了。呂太太甚至還想將自己在嘉義的一塊地過戶給美雲，謝謝她為呂家添孫。

幾個月後，美雲發現自己喝了魚湯之後又想睡，她告訴自己不能睡，她一直看著電視，逼得自己很累，她終究還是睡著了。

美雲開始覺得魚湯一定有問題，她決定今天不喝湯，將湯倒在馬桶裡，並假裝自己很想睡，看看接下來到底會發生怎樣的事。

她裝睡大約一小時後，感覺龍天正火熱得和她發生關係，但是為何龍天一直流口水呢？

突然她發現龍天竟然駝背。她連忙起身開燈，看見活動中心的那位喜憨兒一絲不掛地在自己身上，她放聲尖叫，覺得自己被喜憨兒非禮了。

婆婆一進門見狀，知道瞞不住了，她告訴美雲：「對不起！我老實告訴妳一件事，如果妳要告我，隨時都可以。其實這個喜憨兒，是我真正親生的小孩。我為了要幫呂家生一個孫子，才出此下策。我與養子，也就是龍天，串通好將妳娶進門，只為了傳宗接代。所以我一直命令龍天不准碰妳，要碰妳，一定要等到生了呂家的種才可以。所以每天晚上我們都給妳吃超強的安眠藥。原本我打算就此罷手，將妳交給龍天，只能怪我太貪心，我想要再有一個孫子，所以事情才會演變到這裡。」

說到這裡，美雲問我說：「小孟老師，我想知道我要再回那個家嗎？是不是要原諒婆婆，還是告她呢？」

這時我請她抽一張牌，她抽到錢幣四，我告訴她說：「此牌主角死命的抱著錢代表妳的婆婆是一位自私、只顧自己、不在乎別人的人。而主角背後有一整排房子，代表妳的婆婆很希望有一個完整的家……」這時我有教她應該怎麼做才能三全其美，不過這是我和美雲的秘密。

事隔兩年之後，美雲帶著自己的小孩來找我，告訴我，她原諒了她的婆婆，婆婆因為這件事情出家為尼，因為她害怕面對美雲。

而美雲呢？她則一女服侍二夫，因為小孩是大老公的，但美雲知道龍天比自己還苦，還難堪，所以這就是他們的結局。說完後她告訴我：「老師，我們的麵店開放加盟了！希望業績能蒸蒸日上。」在此我也深深的祝福美雲。

—心靈小語—

欺騙的愛總會有被拆穿的一天，被拆穿後每個人選擇不同，有的人選擇原諒當事人，有的人選擇一輩子痛恨傷害他的人。然而不管結局如何，人若帶著傷痛回憶，活在每一天裡，最終你是最輸的人，當你從傷痛中爬起來過得比對方還好，你永遠都是贏家。

客人檔案：復活記

錢幣五

牌義：流浪、苦命、私奔、不顧他人、不顧一切、放棄所有

二〇〇六年冬天，有對謝姓夫妻來到占卜館向我求助。

他們心急如焚，因為他們的兒子竟然與一位千金女私奔，目前下落不明。他們告訴我，兒子帶走他們的首飾、金項鍊、電腦與身邊值錢的物品，他們想要向對方的父母提出告訴，認為是對方的小孩，唆使自己兒子遠離父母的身邊。

我問他們說：「你們怎麼知道他們兩人是私奔呢？」他們說：「我兒子有留下一封信，信中說女友懷孕了，但對方家長無法接受，所以他們只好遠走他鄉。」

他們接著問我說：「小孟老師，你覺得我兒子多久會回來？他們現在過得好不好？還有我的孫子，會不會被他們拿掉？」

我請他們不要緊張，也請他們抽一張牌，牌打開是錢幣五。我告訴他們：「此牌有兩個人正在流浪，牌中似乎正在下雪，也代表著他們過著苦命的人生，牌中有教堂，但他們走在教堂外面，教堂在塔羅牌代表原生家庭，但教堂似乎不接納他們，好似有家歸不得，代表雙方父母仍不肯接受兩人的愛情。所以他們私奔、不顧他人、放棄一切。不過此牌期限為五個月到兩年半的時間，因此他們在這個時間內會回家，並且是受盡風霜的回來。」

謝姓夫妻告訴我說：「老師，有沒有辦法讓他們能提前回家，我們就這麼一個獨子，萬一他們想不開怎麼辦，我真的很擔心。」

看著謝姓夫妻焦慮的眼神，我也只能安慰他們：「讓他們出去吃點苦也會比較好，說不定他們在外頭流浪之後，才會想到家裡的美好。」

我問他們說：「為何他們會私奔呢？」於是謝姓夫妻開始說出他兒子的故事。

志豪與子芹是大學同班同學，子芹的父母是科技公司的老闆，他們希望她一畢業就到美國唸書，甚至也為她找好了學校，豈料子芹告訴父親，自己不想到美國讀書，因為自己想與志豪未來一起到內地求職並且同居，希望父親能接受自己的這一段戀情。

子芹的父親當然反對，並且希望他們能夠切割乾淨，她父親甚至將志豪批評得一無是處。志豪回家告訴父母：「我畢業後，一定要好好工作，希望能賺很多錢，不要讓人瞧不起。」不過志豪的父親，認為對方太勢利了，高攀不起，希望志豪要再想想。

有次志豪帶子芹回家，父母發現志豪幫子芹提一大堆衣服、包包、鞋子，甚至還自己下廚煮飯給子芹吃。志豪的父親問子芹，會不會洗碗打掃，子芹的回答竟然是：「叔叔，我們家都是傭人打掃整理，所以我都不會做家事。」從那刻起，志豪父親再也沒給過子芹好臉色。

子芹漸漸不喜歡到志豪家裡，但他們對彼此的愛，卻沒因此改變。子芹父親知道自己的女兒愛上家庭背景懸殊的志豪，於是他騙子芹要帶她到美國，順道拜訪遠房親戚。沒想到，到美國之後，子芹被軟禁在親戚家，父親甚至要求親戚說服她留在美國。她被困在美國兩個月，在一天夜裡，她趁親戚熟睡時找到護照，並且拿走自己的信用卡，偷了親戚的錢，連夜搭乘最早的班機回到台灣。

回到台灣後，子芹立刻告訴志豪，她在美國所遭遇的事。她感覺身體不太舒服，心想自己生理期一直沒來，買了驗孕棒，證實真的懷孕了，志豪問子芹說：「妳願意生下來嗎？」子芹告訴志豪說：「我一定要保護我的寶寶，就算你不要，我自己也會養活他。」於是志豪決定和子芹一起私奔。

兩天後，志豪將貴重的東西都拿去當舖典當，並且寫了七頁長信，交代他們為何要私奔，與對方家人如何對待子芹。

說到這裡，他們便說不下去了，他們便傷心的離去。然而五個月後，謝先生打電話來告訴我：「老師，你算的只準一半。我兒子回來了，但是他死了，我們正在辦頭七。子芹找不到人，我們懷疑他們是一起殉情自殺的。」人死不能復生，因此我只能請他們節哀。

事隔兩年，謝先生竟然帶著他的兒子與子芹來找我，他對我說：「老師，我的兒子死了兩年，如今又活過來了。今天我帶他們過來算流年。」

這時我心想，怎麼可能人死了這麼久，還能復活。於是我問謝先生說：「後來到底發生什麼事？」他娓娓道出他們的故事。

當時志豪從當鋪出來，遇見一位與他相貌與特徵都很相像的男子，想不到這個男子搶走他的包包，志豪知道自己不能報警，不然會曝露自己的行蹤。而這位搶匪背著志豪的包包，走在路上卻被一台卡車輾過，屍體面目全非。卡車司機將屍體丟在河裡，一直到五個月後，屍體漂到岸邊，被人發現。警方找到包包裡，都是志豪的證件與衣物，通知志豪父母前往認屍。但是臉部特徵很難辨識，不過他們終究還是認定他就是志豪，也請了法師來作法辦法會。當法師問說：「謝志豪有沒有回來？有回來請賜三個聖杯。」他們擲完杯後，連續三個聖杯，所以也就更加篤定是志豪本人。

他們帶著喪子之痛過了一年，這一年期間，每天都有人送很多食品到他們家門口，上面寫著給謝先生與謝太太，有時還會收到健康食品。志豪父母懷疑是不是子芹家人良心不安送來。他們甚至為了這件事，親自到子芹家中，想不到子芹父親臭罵他們一頓，甚至還揚言，若沒找到自己女兒的屍體，就要讓他們家好看。

一直到了志豪的生日，志豪母親買了很多金紙，想要燒給兒子。當她在門口時，看見志豪與子芹出現在她的面前。他們說出了事情始末，於是他們抱頭痛哭，同時也見到了自己的小孫子。

而子芹在志豪被搶後，告訴他自己戶頭有一百多萬，那是父親原本要給她在美國讀書的生活費，但是自己卻逃了回來。於是他們領了這筆錢，到花蓮開了火鍋店，想不到生意越來越好，不僅養活自己，還開了很多家直營店，在短短兩年裡他們賺了三百多萬。子芹也從原本什麼家事都不會的千金小姐，變成什麼事都難不倒的職業婦女。

子芹父親看見自己女兒回來，並且帶著三百萬跟他說：「爸爸，謝謝你當初留給我一百萬，我走了一圈，才知你是我的活菩薩。」這時兩人相擁而泣，子芹父親看見志豪慢慢在商場上也有所成就，於是便同意這門親事，到後來這兩家人化敵為親。這個故事也意外的由悲劇變成了喜劇。

一心靈小語一

子女間與父母溝通，不應採取激烈方式，應該試著運用時間與智慧，慢慢地和父母親達成共識，做父母的，應該要多站在子女立場為他們著想，因為自己也年輕過，應當多用當初年輕時的想法來與子女溝通，如此才能共創和諧的溝通平台。

客人檔案：哈佛高材生

錢幣八

牌義：努力不懈、用盡心思、集思廣益、後來居上

二〇〇七年四月，有位哈佛大學肄業的男子里森來找我占卜。

里森告訴我：「父母原本是在鄉下種田，為了供應學費，不惜賣地，使我安心到國外唸書，但是國外的種族歧視相當嚴重。我受不了決定回台灣，回到台灣後發現愧對父母，因為自己一事無成，所以想跟著父母種西瓜。」於是他開始說起一路求學到種西瓜發財的故事。

里森從小父母就是靠著種西瓜過活，他的父母告訴他說：「你以後一定要好好讀書，不要像我們一樣，大熱天還要出外種西瓜。」他從小就知道父母對他的期望。然而，在成長過程中，發現種田的家庭背景，在別人眼裡是一件見不得人的事。所以他不願和別人提起自己的家庭背景。

到了高中時，父母親認為南部學習資源很有限，希望他能到台北與親戚同住，唸台北的學校，或許台北補習班的師資，會比南部補習班優秀。於是里森揹著行李，獨自一人坐著火車，來到台北，離別前母親在月台邊，哭紅雙眼，他望向窗外看見父母離他越來越遠。

轉眼間，里森已上了大學，他考上台大，成績優異，獲獎無數。大學畢業後，他到補習班參加托福的補習，順利申請到美國哈佛，但是高額的學費，讓他告訴父母想要放棄，不如留在台北讀研究所。不過父母親告訴他，他們已經把他考上哈佛的事情，告訴全村莊的人，大家都來向他們恭喜，父母不希望他放棄這麼好的機會，他們決定要賣一塊地供他唸書，父母也向銀行用現有土地貸款，湊了三百多萬，可以讓他勉強在美國生活一段時間。

於是他背負著讓父母賣地供他讀書的愧疚感與眾人給他的壓力，照計畫前往美國。

到了美國之後，里森才知道，原來台灣的教科書與補習班的教學，只是讓他們應付考試的。因此學校要求里森重修英文，他開始擔心自己的經濟狀況，留在美國，會不會時間越待越長，不管如何，他決定先將專業英文搞懂再說。

他一天比一天更努力，而他的努力，讓他順利考上哈佛。不過學校裡的學生，卻用鄙視的眼光看著他，每次老師要分組，都沒有人想跟他一組，連上課的老師也常常刁難他。每次辛苦寫的報告都被老師退回，他覺得很奇怪，於是他開始懷疑美國是否有嚴重的種族歧視。

里森告訴我，在當時他只能與班上黑人交朋友，有時到餐廳吃飯，有些人見到他們兩人馬上就走避，讓他很難過。黑人同學告訴他說：「為何我們的作業老是被退，我們來做個實驗，偷抄別人的作業，看看老師是否會退我們，還是連其它人一起退。」然而這個實驗證明，老師還是只退他們兩人作業，這令他們感覺很沮喪。黑人朋友不斷鼓勵他，要他不要氣餒，反正只要畢業一切就解脫了。

研二下學期，研究生要開始找老師，但是沒有一位老師願意收他們兩人，這時他們只好向系主任報告，而主任當時是站在他們這邊的，認為這裡的老師不可以有種族歧視。最後雖然有老師肯收留他們，但老師對他們兩人研究方向與研究模式，完全不認同。老師也常常罵他們兩人沒有智慧，老是做些別人都已經做過的研究，但他們觀察到其他同學，竟然都可以做以前或者別人做過的論文題目。

班代嘲笑他們兩人說：「你們兩人是很難畢業的。」他覺得自己受到很大的屈辱，因此決定不想留在美國了，他也老實跟父母坦承這一切，認為自己若再被老師耽誤，自己可能要讀個三到四年，這將會拖垮家中經濟，甚至有可能要賣更多地，才能如期畢業。

於是父母親就跟他說：「你可以回來，但是不可以跟親戚講你肄業，因為我們也跟親戚借很多錢。萬一他們知道，你是念不下去才回來，他們一定會問東問西，還有可能會立刻來要錢。」他進一步告訴父母自己在美國想了很多，他想回鄉下陪父母一起種西瓜。

自從離開台灣之後，他才發現原來父母親才是真正對他好的。他遭受到同學與老師的打壓，發覺就算讀最高學府，人品與高尚的道德才是最重要的。不顧親戚異樣的眼光，因此他決定回到鄉下。

里森回首過往才知道，自己應該更愛這片土地。他開始早上光著腳丫子，揹著很臭的肥料在田裡施肥。然而一年過去，家中債台高築，原本父母寄望他從國外念書回來之後，能趕緊找工作還清債務，想不到書沒念成，還回家吃自己，原本答應要還人家的錢，在一次颱風大淹水時，又堆高了債務。

里森決定不能再這樣下去，他不能以傳統方法賣西瓜與種植西瓜。於是里森運用自己的長才，讀遍所有國外文獻與農業改良的書籍，在短短半年內，改良自己的西瓜。他運用自己的語言能力，將台灣西瓜外銷到美國。逐漸清還家中負債。不過他認為太慢了，於是他聯絡研究所黑人同學，與他商量到東南亞種西瓜，問他要不要合夥，如此一來，黑人同學可以負責黑人國家的市場，利用同種族對同種族的行銷與販賣，是最有利的。

里森成功在越南買了地，並且將西瓜事業越做越大，也打算在柬埔寨、寮國、馬來西亞種不同種類的水果。除了可以外銷其它國外，也可以對台灣銷售。

不過他沒有忘本，他問我：「我想問的第一個問題是，我該不該把東南亞賺到的錢拿來台灣買地種西瓜，讓我父母變成台灣西瓜大王呢？」我請他抽了一張牌，此牌為錢幣八，我告訴他：「牌中主角很辛勤的工作，代表你努力不懈、用盡心思，若你能將東南亞賺的錢，拿回台灣買地，你會更上一層樓，過去的努力都會有回報。」

我一講完，里森滿臉狐疑，感覺聽不太懂。二〇一一年二月我又遇見里森。事隔多年，他告訴我：「老師你算得真準，我台灣的田地翻了幾十倍，全部加起來價值上億。」我回答里森：「只要你有心，西瓜也能變成金。」

一心靈小語一

當你遇見敵人不斷打壓你時，你要告訴自己，贏過別人最快的方法，就是不斷提升自己。

錢幣九

客人檔案：養鬼的女明星

牌義：有錢又有閒的生活、富庶的環境，想要生活品質、有身份地位

二〇〇七年，一位女藝人前來我的東區占卜室，她告訴我：「老師我想問你，如果我想養小鬼會不會有事呢？」

我第一次遇到這種問題，於是反問女藝人：「妳為何想要養小鬼？」

她很快地回我說：「因為我在演藝圈裡發展都沒有起色，有位導演告訴我，可以從泰國請小鬼回來，但是我心中還是很害怕，聽說不慎的話小鬼會反噬主人啊。」

女藝人選了一張牌，我告訴女藝人說：「妳抽到了錢幣九，此牌主角，左手有鳥來休憩，鳥在塔羅牌代表貴人相助，右手還可以輕而易舉摸得到錢，代表妳未來會過著有錢又有閒的生活，也會會過得很富裕，身價會翻漲。其實妳不用靠養小鬼來求得名利，妳只要再等幾年就能飛上枝頭。」

女演員回答我說：「小孟老師，每個老師都跟我說我會紅，但是我已經等不及了。」她話一說完立刻轉身離去。

再次見到她，是二〇一〇年某天下午，她一看見我就一直向我說對不起，還說：「小孟老師，我當初沒聽你話，如今我遭到反噬了，怎麼辦？」我看她如此心慌，就請她慢慢說出這段驚悚的養鬼故事。

二〇〇七年，她透過導演的介紹，真的到泰國請小鬼。當時泰國師傅幫她作了法，也教她如何祭拜與操控小鬼，但師傅和她說：「我只會放，如果妳想收小鬼的話，我無法幫妳，這樣妳還想要養嗎？」

然而女藝人鐵了心要取得小鬼回台灣，幫助自己的演藝事業。

女藝人回來台灣之後，照著養鬼師傅的話，一一操作。不過她還是半信半疑，這樣真的能讓自己聲名大噪嗎？儘管心裡不確定，但她還是每天膜拜小棺材，並且拿糖果與餅乾給小鬼吃。

幾天後，她接到內地一齣戲劇的邀約，導演有意將她捧成第一女主角。上飛機後她作了一個夢，夢裡有一個小孩，不斷哭訴：「媽媽我沒有吃飯，我要吃飯，給我吃糖糖。」女演員醒來後，發現自己沒有帶小鬼出門。她開始擔心，萬一沒有讓小鬼吃東西，在內地這段時間，會不會發生什麼事呢？

到內地的第二天，內地的導演告訴她：「贊助這齣戲的廠商，希望妳能演角色裡的瘋女人，而且要像撞鬼似的發瘋。」她一聽便很不開心的拒絕，並且告訴內地導演，明明自己是一個好端端的人，為何要演瘋子。她開始覺得，是不是自己沒有顧好小鬼，於是，她連戲都沒拍就立刻搭飛機回到了台灣。

過了幾天，女演員接到一個日本通告，對方希望她來日本演情色ＡＶ。

她生氣的罵了接洽人員。她掛上電話後，立刻走到小鬼面前說：「媽媽要的是紅，祢讓媽媽這樣的紅法是不對的！」

一個月後，好不容易有個通告，製作單位希望她穿泳裝來參加高空彈跳的節目。這時她按捺不住心中怒火，告訴小鬼說：「我要的是紅，祢到底有沒有在聽啊！祢再不乖，媽媽要把祢送回去喔！」話才說完，女演員家裡的門鈴就響了。

之前的經紀人來訪，告訴她：「我想要重新打造妳，希望妳能到我的公司，現在我自己開一家經紀公司，有很多片正在準備開拍，希望妳能重新跟我合作，我可以幫妳打造成戲劇一姐。」

女演員不屑地看著前經紀人說：「不用了，之前你幫我談了好幾部戲都沒成，都跟我說是因為片商與劇組覺得我太貴了，所以都不想找我，結果去年你一部戲也沒談成。」

前經紀人說：「過去我待在別人的公司，必須照老闆開的價錢走，我也很無奈！不過現在是我自己一個人出來做，價錢方面完全可以自己掌握。」

女演員跟前經紀人說：「那我們怎麼抽成？」

前經紀人跟女演說：「簽五年，對半抽。」

女演員很生氣的說：「對半抽是不可能的，你二我八才可以。」前經紀人跟她說：「我自己剛開始出來做，也需要一些資金，所以才對半抽，我要專心的經營妳，讓妳更紅，當然需要花錢做公關，這些希望妳能體諒。」

女演員心想，我自己有養小鬼就可以紅，還要靠你嗎？於是女演員關上了門，回絕前經紀人。

幾個月後，女演員打開電視，發現前經紀人突然發達了，她帶的藝人都爆紅，還被狗仔爭相報導。又上網發現上次棄演的瘋女人角色被觀眾爭相討論。她怒不可遏，生氣地把小鬼丟進垃圾桶。

奇妙的是，她一丟完家中立刻斷水斷電。她想找朋友訴苦，不料一走出家門，就被樓上頂樓的盆栽砸個正著。她流著血一人到醫院就醫，卻發現自己沒有錢，也沒帶健保卡。她請家人從桃園北上送錢來。不料家人因擔心她的安危在路途中撞傷了人，必須要賠對方十多萬。而她躺在醫院裡休息時不斷夢到小孩，拿著玩具對她吐舌頭，還拿石頭丟她。

醒來之後，員警與醫護人員將她綁起來，並且問她說：「妳為何在醫院狂鬧、狂丟東西，妳知道剛剛妳讓一位孕婦流產嗎？妳是不是有精神病？」

她告訴員警說：「我不是在作夢嗎？」醫院拿錄影帶給她看，證明那不是在做夢。她開始懷疑是小鬼來糾纏她，但害怕上報於是她騙員警與醫護人員，自己患有精神病，同時她也會對流產的孕婦負責。

後來，女演員每天都在想方設法要如何擺脫小鬼糾纏。她請了很多師傅都沒有用。於是她想到當初我和她說不要養小鬼就會紅，所以來找我幫忙。之後，她終於擺脫小鬼糾纏，目前仍在演藝圈載浮載沉的打滾。我看著電視上的她，心裡想著成功的機緣是不能強求的，我們以為藉由神力就可以不費吹灰之力，獲得成功，然而我們應該更戰戰兢兢，才能距離成功更近。

—心靈小語—

命理有時應把握，命理無時莫強求。有時人到達一個階段，常常會嫌棄機會，甚至放棄價值較低的機會。但有時想想，當機會來臨，千萬不要挑剔。等級較低的機會，卻能締造出最高的價值。

Chapter 5

寶劍牌組（Swords Suits）

寶劍三　小三名媛
寶劍六　政治家的大陸新娘
寶劍七　都更戶
寶劍八　偷拍狂
寶劍十　水電工
寶劍國王　慈善公會副會長
寶劍皇后　A級房仲

客人檔案：小三名媛

寶劍三

牌義：傷心、難過、痛心、無法自拔、三角關係

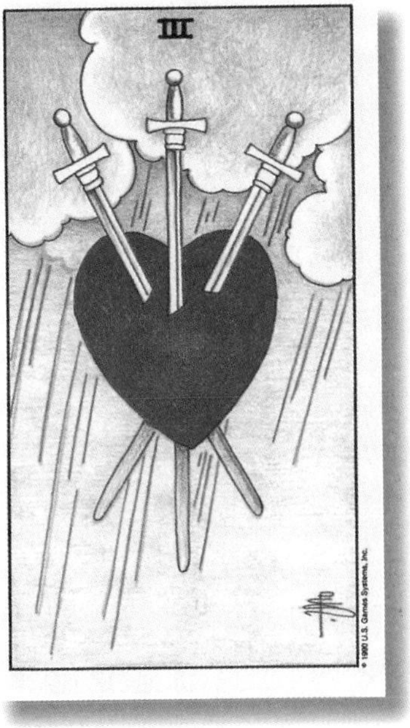

二〇一二年一月初，一位穿著貴氣十足的女子前來找我占卜，我知道她是某位常上電視的名媛，她想問跟某位男子的關係，也想知道跟他會不會天長地久。

抽牌的結果是寶劍三，我跟她說：「牌中有三把劍，三把代表三角關係，也代表妳和他之間有三角習題。這三角習題會讓妳傷心、難過、痛心、無法自拔。妳和他之間是不會有結果的。」

她說：「我是小三沒錯，但你說我跟他不會有結果，是錯的，因為我懷了他的小孩，除非他不想認這個女兒。他也會給我生活費，讓我衣食無缺，怎麼可能會沒有結果呢？」

這時我跟她說：「這是牌面顯示的結果，實情我不清楚，不然妳說出妳的其它看法。」於是她慢慢卸下心防說出與她的另一半的故事。

多年前，她在招待所認識這位科技業的老闆，見到第一眼時，對他一點感覺都沒有，因為當時她剛離婚，很想再找個人對她好，但是喜歡她的都沒有錢，只有房貸與車貸。

她已經過了迷戀年輕帥哥的年紀，她的父親常說：「我們要找老公，要找有錢的比較好，最好有房子有車子，因為妳老時，還可以靠房子租金過活。妳看爸爸老了，還有店面可以租給別人，是不是很好？」

名媛覺得很有道理，於是開始拋開過去的愛情觀，展開獵名人行動，她每天都在研究要怎麼打扮才會吸引男性，也努力思考有錢的男人，都想要些什麼。

她認真研究之後發現有名的男性要的是肉體的享受，還有難搞的女人。於是她經過友人的介紹，先認識某位有錢的企業老闆，這位老闆的正牌太太，是一位很無趣的人，每天遵守三從四德也不會打扮，只會應付媒體與招待廠商。這位太太知道老公是名人，常常需要喝酒與交際，身邊一些鶯鶯燕燕她早就習慣了，因為要當名人太太，要有很大的度量與包容力。

名媛告訴我：「我雖然介入別人，但我要的是錢，不是真愛，我也知道他們無法守在我身邊，但我們當小三的有個好處，是我們永遠都不會鬧也不會吵。這些男人工作壓力很大，在外頭要演好男人與好老闆，心中會很想叛逆，但他們不敢做壞事，因為一做壞事很多記者與媒體亂報，會影響公司的股價。」

說到這裡，我才明白一些有身份地位的人，外表看起來很真誠，待人很客氣，還很會賺錢和分析市場，但對於愛情他們則是處處留情，那就是他們表達叛逆的方法。

名媛接著說與第一位名人交往後，發現他管太多了，他想要把她關在家裡，不准出門。他做事很小心，因為很怕別人爆料，也怕她會拿交往過的點滴告訴別人，所以他不拍合照也不聊太多事。

有天晚上她接到大老婆的電話，說：「我有找人調查過妳全部的事。妳離過婚、喜歡炫富、喜歡講自己條件有多好。妳喜歡我老公是有目的，妳只想要錢，妳如果不願和他分開也沒關係，因為他有很多個小四與小五。而且，妳又沒有幫他生小孩。妳跟他是不可能會有任何未來，還有小四與小五都比妳好，起碼她們都比較低調，只有妳這麼高調，真的很不要臉。」

此後大老婆每天打電話來罵她，還聯合小四與小五一同數落她，她也知道或許自己條件太好了，才會遭到別人忌妒。她很想反擊，給罵她不要臉的人好看。此時另外一位追求者出現了，這位來頭比現在的對象更大。她決定離開第一位，因為她覺得自己不需要浪費時間在他的身上，況且他愛的人太多了！雖然第一位會給錢讓她花用，也會買鑽石與名錶討好她，但她需要找一位家裡沒有人會跳出來跟她作對的對象。

名媛心想，這麼好的機會不可以放過，她迅速與第一任分手，和第二位科技業大老闆在一起，而這位科技老闆一直沒能與她發生關係，她很得意自己的手腕，因為她太了解人性了。

一天夜裡科技老闆告訴她說：「妳最好生一個小孩，萬一哪天我不在了，起碼還有小孩能陪妳度過餘生。」

名媛告訴他：「養一個小孩要花很多錢，我不要生。」

老闆回答她說：「我願意養這個小孩，還有妳一輩子，只要妳願意生，我就願意養，而且每個月給妳的錢還會加碼。」這時名媛想到有人願意養小孩，於是終於答應了。

一年後，她發現這位老闆對她越來越好，而且還會主動買貴重東西給她，帶她吃遍山珍海味和出國遊玩。名媛知道自己的身份，她認為當下能挖錢就盡量挖，否則自己以後人老珠黃，可能就撈不到錢，也沒有人要了。

一天下午她開始嘔吐，發現自己懷孕了。她很開心，因為可以得到更多的錢。不過她擔心對方會不會只是說說而已，想不到她說了之後，老闆很興奮的抱著她：「太好了，我一定會給妳很多錢，而且還會給妳住台灣最貴的房子。」

就這樣她成為小三貴婦。不過要當小三貴婦沒那麼容易，因為她很害怕，自己會不會只是小四或小五，不過大老闆對她說：「不會的！我一生中只有兩個女人，一個是妳，一個是我的老婆。」聽到這她安心多了，更加確信眼前的這位男子，對她許下的承諾一定是真的。

我想小三有時也還滿辛苦的，有錢卻沒有真感情，還真可悲。不過每個人的價值觀不一樣，有些人覺得外遇是兩廂情願，有些人會覺得當小三破壞別人的家庭，是一件很不道德的事。不過我認為外遇比較有錯的一方還是男人。

當這位名媛結束占卜時，我還是認為她不是小三，而是小四或是小五，因為牌中三把劍穿過心臟，這個人早晚會把她傷得很重。

果然三個月後她又打電話來找我占卜，她說：「原來我只是小五，他和我在一起時，還同時跟另外三個在一起，而且都有生小孩，而我只是他其中的一個女人，我真的就像牌中的劍一樣被刺痛了。有傷心、難過、痛心、無法自拔的感覺，不過不用擔心，我會報復的，你等著看吧！」

我聽完之後，覺得她得失心還滿重的，雖然都是第三者，但對於排名很計較。因為她認為自己是對方第二愛的人，僅次於正宮，才會導致她遲遲無法放下這段關係。

－心靈小語－

被劈腿時，你要祝福你的男人，和別人在一起，為何？當他和小三在一起時，這位小三同時也會害怕你的男人，會不會有一天也對不起他，他害怕自己的下場也會跟你一樣，所以祝福他，把自己的男人送給小三，是對小三最好的折磨。

客人檔案：政治家的大陸新娘

寶劍六

牌義：忘記過去、遠離傷痛、出國遠行、逃離過往、忘卻憂傷

二〇〇四年，在台中，一位傷痕累累的內地女子前來找我，我說：「妳身上的傷是被打的嗎？」她很無奈的說：「是啊，老師，我是想要問假如我要逃離台灣，會不會成功？」

我說：「妳要離開台灣，不是隨時買張機票都可以嗎？」這時她很不開心地說：「老師，要是那麼容易的話，我就不用來找你了。」於是開始說出她的離奇遭遇。

玄虹是廣東人，長得眉清目秀，在當地很多人追求。有一天，她進入廣東一家台商公司上班，老闆見她非常漂亮，開始計畫讓她變成自己的二老婆。

老闆打電話給台灣的兒子，要台灣的兒子來內地，父親要指導他如何做生意，兒子跟老爸說，自己要從政，不想做生意，老爸很生氣地命令兒子前來內地。

之後，老爸每天假藉應酬之名，帶兒子到酒店喝酒，還叫了許多小姐來服務他。於是兒子每天耳濡目染，漸漸地也學壞了。

一天下午，老爸告訴兒子：「我已經六十歲了，很想娶二老婆，因為你母親去年過世了，我已經找到可以取代你母親的人，不過，需要你的幫忙才會成功。」

兒子問老爸應該要怎麼幫他，老爸說：「我又老又胖，很多年輕美女不會喜歡我，所以我要你假裝喜歡上公司裡的客服玄虹小姐，然後代替我，把她娶回家。」

這時，兒子雖然想說，老爸為何不直接娶她就好，還要用這種奇怪的方式，但還是乖乖照辦。

半年後老闆的兒子順利娶到玄虹，帶著玄虹回到台灣，也順利選上民意代表。不過玄虹覺得很奇怪，為何丈夫都不肯跟她行房呢？丈夫告訴玄虹，自己身體有缺陷，無法帶給女性幸福，希望得到玄虹的原諒。

婚後，玄虹每天都待在家裡，當家庭主婦，一天下午玄虹的公公告訴她：「我們想幫王家添孫，但是兒子身體不行，不然就用試管嬰兒好了。」

手術後，玄虹很快地懷孕了，而且還是一男一女的龍鳳胎，這時她覺得很幸福，雖然老公性無能，但起碼自己未來還有小孩可以照顧。

快生產時，醫生建議她，因為是雙胞胎的關係，有難產的可能，希望她剖腹生產。生產隔天，當玄虹起來要看小孩時，醫生走進來告訴玄虹：「小孩已經過世了，出生後因為缺氧而離開，請節哀。妳的公公因為不想讓妳太難過，已經將寶寶的遺體處理掉了。」

玄虹心裡十分難過，覺得自己都還沒有看見小孩的樣子，小孩就被送走了，不過她還是不氣餒，堅持要把小孩再生回來。

幾個月過去了，公公告訴她：「玄虹，我們可以開始進行下一次試管時間了，我安排好了就在下週。」

這次，玄虹與老公依約定來到婦產科，這次一做就成功，玄虹覺得自己很好運，她心想，一定要好好照顧小孩，不能再發生上次那種問題。到了要臨盆時，玄虹千交待萬交待，要醫護人員一定要在幾點幾分將寶寶生出來，說她有算過日子，這是好的時辰。

不久後醫生就開始進行剖腹生產手術，手術完後玄虹又暈了過去，醒來之後，公公坐在床前告訴玄虹，這一胎又死了，玄虹真不敢相信。

她告訴公公，要不要換一間婦產科，公公跟她說：「這裡已經是很好的了，不要想那麼多，妳還年輕還可以生。」就這樣玄虹一連生產七次，每次都是小孩在出生後死掉。

於是她計畫下次再生產後，自己不要待在病房裡。一年後，她又要臨盆了，這次她告訴自己，已經失敗七胎了，這次一定要生出來，而且產後絕對不能睡。小孩生完後她帶著傷口來到育嬰室，非常開心看見自己的小孩健康活潑，這時她看見公公從電梯走了過來。

公公打了電話給樓下的護士說：「送這小孩去美國。」這時玄虹大叫說：「還我小孩。」公公看見旁邊有滅火器，拿起來向她的肩膀敲了下去，她又暈倒了，起來之後發現自己不能動，原來公公把她的手與腳都綁起來。公公告訴玄虹說：「我們王家娶妳，是要妳來幫我們賺錢的，我用我的精蟲和妳的卵子生出試管寶寶，再賣到歐美去。這些小孩能夠受更好的教育，這樣不好嗎？只要妳乖乖的跟我合作。我會讓妳吃香喝辣，還有，這間醫院我也有投資，我的兒子是民意代表，妳說的話誰會信呢？如果不配合，我會一直把妳關在這裡。」

她整整被關在醫院四十天，有位離職的護士覺得她很可憐，偷偷放走她，還拿了五萬塊給她，叫她逃得越遠越好，不要再回來了。

她拿著錢從醫院逃了出來，買了一張車票先躲到台東一個月，接著又回來台中，心想一定要回家拿到證件，這樣才能搭飛機離開。

好不容易趁著家人不在時拿到證件，她趕緊訂了機票，並且來找我占卜，她很擔心會被他們抓到，也怕自己在登機前，會被台灣飛安單位攔截，因為老公是民意代表，有可能會連繫各種管道逮捕她。

於是我請她抽一張牌，她抽到寶劍六，我告訴她：「此牌主角正在划船，代表她能順利航行到另一個國家，牌中的人一邊划船，一邊將遠離原本傷痛的地方，所以妳將能忘記過去、遠離傷痛、逃離過往、忘卻憂傷。」

後來我問她說：「妳身上還剩多少錢？？」她告訴我還有兩萬元，於是我再給她一萬五，說這些錢妳好好留著，離開台灣之後一定要打電話到店裡，讓我知道妳是否安全。

幾天後她打來報了平安，我上網找了她的老公資料，才發現她老公早已沒當民意代表了，所以她才能那麼順利逃走。我聽見她很平安，心裡也很寬慰。人生受到這樣大的折磨，或許需要一段時間才能平復，然而只希望她能夠振作，重新創造自己生命的更多可能。

一心靈小語一

人生很多時候，都會遇見低潮，當你遇見低潮時，要告訴自己，還有比我更慘的人，如此一來，你必定能再站起來，擁抱嶄新的人生。

客人檔案：都更戶

寶劍七

牌義：搬家、遠離家園、當心敵人、小心謹慎

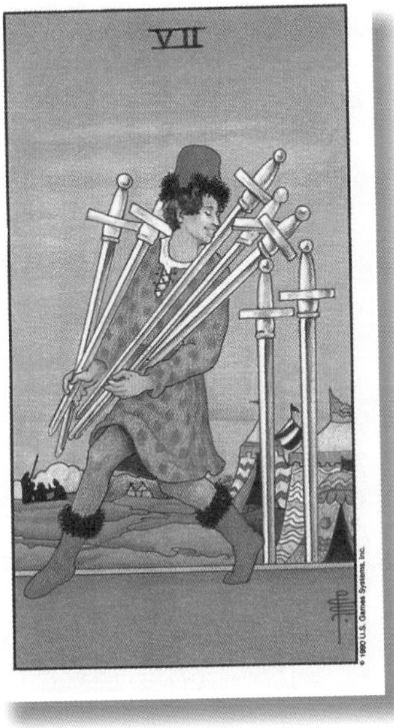

二〇〇八年，有兩戶不願意被都更的住戶，前來找我占卜，其中一位，第一句便問我說：「小孟老師，我們有沒有辦法可以不搬走呢？」他覺得很不滿，認為現在台灣根本是無政府狀態，因為他原本住的地方，有建商來收購，雖然價錢開得很高，但他們不願意搬離，因為這裡有他們無法取代的回憶。

我請他選一張牌，他選到寶劍七，我看到牌之後告訴他們說：「此牌主角拿著寶劍往前奔走，代表要搬家、遠離家園，而且牌中有軍營，代表要小心有敵人在監視你們。」我話一說完他們立即說：「對！建商有找黑道來逼我們走，但是我們偏不走，看他們能拿我們怎麼樣。」於是他們便說起他們與建商鬥法的經過。

阿青與阿河這兩家人，住在中正區，已經當鄰居有四十年了，這幾年，一直有建商以響應政府都市更新的計畫為由，來和他們談論這塊地的改建。

建商開出的條件為：「第一，只要同意拆除，中正區目前一坪五十萬，等蓋完之後一坪都上看九十萬，況且以舊房換新房，何樂不為，小缺點只是會增加公設比，也就是坪數會縮小。第二，建設期間，你們就住旅館的四人房，這些住宿的開銷，我們會負責。第三，我們也會幫地主保留房子，除了提供給你們金錢上的補助，另外還給你們一棟房子。這樣的條件不好嗎？」然而，對於這些看似優渥的條件，這兩家人完全沒有興趣。

他們從小就生長在這，父母親也在這裡過世，牌位也都還在家裡，況且父母走時，有告訴他們不能賣房子，這是祖產也是起家厝。因此他們還是婉拒建商。

半年後建商告訴他們：「根據都更條例，只要整合門檻超過百分之九十，且只剩五至十戶釘子戶，實施者可申請強制拆除。而近期政府也在幫我們解決都更案釘子戶的問題。台北市政府都更處修正都更條例第三十六條補充規定，一旦符合百分之九十整合門檻，且只剩五至十戶釘子戶，台北市政府可透過法院強制執行程序拆除，俗稱『九加五規定』。所以我們根據法律與依法行事，原則上這裡的住戶原則上都同意要拆，目前同意的有五十戶，不同意的有六戶，只差二戶我們就可以強力執行拆除。你們要有心理準備，根據新修正的都更條例，政府一旦強制拆除都更釘子戶，原住戶只能按市價拿回現金，不但無法分屋，也無法享受重建後增值的利益。這就表示你們愈晚同意，得到的好處越少。你們自己最好想清楚，不要到最後什麼都沒有。」

這時阿青與阿河已經誓死拒絕，他們在想為何會有五十多戶會同意，難道他們都只是為了錢?幾天後，阿青的老婆看到一間店面上，高掛某建案即將開工，總價兩千五百萬起，還畫了指標指到自己住家的地方。阿青老婆立刻詢問銷售小姐，得知建商在還沒跟他們談妥前，已經開始販售預售屋。

他們認為建商太不尊重人，他們的地都還沒收購完成，就開始販賣。他們詢問了銷售小姐，目前房屋銷售賣幾成了？銷售小姐說已經賣八成了，再過幾天就要完售。他們覺得太不可思議，這樣的銷售方式，到底把這些原本的住戶當什麼？

隔天一早，他們一直聽到旁邊有敲屋子的聲音，大約從早上八點一直敲，敲到晚上五點，他們都無法待在家。原來建商先拆已經同意的住戶，不同意的，他們先不拆。建商每天慢慢敲，讓你無法待在家中。後來有一戶受不了這麼吵的聲音，因此同意要搬遷。依照這樣計算，只要再有一戶同意，建商就能夠根據法律強制拆除。

幾天後，建商再度找人來談：「我們老闆願意再度加碼，一坪一百萬跟你們買，房子完工後，除了新房，還附送你們車位，你們願意嗎？」他們對建商說：「告訴你們老闆，我們要的不是錢，而是這裡的一磚一瓦。」

建商其實很怕不愛錢的釘子戶。如果可以用錢解決，那很好辦。於是建商找了黑幫來處理。根據他們的描述，黑幫常在晚上燒香與放鞭炮，有時晚上八點，突然放一下，晚上九點也放，有時半夜丟鞭炮進陽台，他們報警，但警方也無法可管。

最近建商清了一塊地讓宮廟的人在這裡辦法會，有時也會辦聯歡晚會，常常晚上將聲音開得很大聲，有時還會敲鑼打鼓，甚至還有蜂炮，他們都無法安靜的待在家裡。

上周末建商將一樓尚未拆除的店面，出租給五家機車行，這五家機車行從白天七點，到晚上十一點，都會發出引擎聲，聲音非常大，有時還會一起發出很吵的聲音。有一些飆車族，在門口不斷繞圈圈。

另外在半夜，建商好心招待遊民，免費喝紅豆湯還有吃麵包，建商告訴所有人，這是在做善事。然而，遊民吃完東西，就直接睡在馬路邊。他們的女兒晚回家，都會覺得非常害怕。建商還找來很多八家將來表演，說是推動本土文化；找來歌仔戲來演出，有時一天唱好幾場。昨天還找很多穿道袍的法師，抓了兩三百隻雞要斬雞頭，馬路上血流成河，全部都是雞血味。

聽說昨天又有一戶簽切結書，那一戶簽完之後，建商立刻放煙火慶祝，在今天他們要過來占卜時，還看見建商找人來綁黃線，看起來就像要動土開挖。這時他們才發現建商真的很厲害，一般人是鬥不過的。

聽到這裡，我告訴他們：「以牌來看，你們勢必得搬，任何占卜方法，都敵不過法律與憲法的規範。所以我建議你們，趁現在趕緊跟建商協商。若換個角度想，你們的房子已經五十幾年，萬一遇到天災，危險性也很高。況且建商也同意高價和你們買，我想你可以再到下一個地方，重新開始你們的生活。」聽完之後他們點點頭回去了。

後來看到報紙，這個都更案正在拆除，阿青與阿河一家人跑到工地上大鬧，試圖要阻止這一切發生，但房子還是被夷為平地。但他們的努力，也讓許多台灣人看見了建商的自私，直接促使了更多人開始關心這個議題。

一心靈小語一

大家都有美好的記憶與回憶，每個人都想保留他們最珍貴的回憶，但是大環境不斷改變國家不斷進化，如何在守舊與改革之間，取得平衡與共識，我想真的很難，唯一能做的是把握現在，周圍你所看到的環境，因為下一秒，有可能會因為開發而全都變了樣。

客人檔案：偷拍狂

寶劍八

牌義：被綑綁、無法逃脫、固執、坐牢、官司、改變不了

二〇〇四年，有位神情緊張的男子凱文走進占卜室，焦急地說他有可能被關，問我有沒有方法可以讓他不會被關。

我問他：「你犯了什麼罪，為何要被關呢？」

他說：「我們家是在開旅社的，我一時好玩在自家旅社裝設了針孔，然後把影片放到國外色情網站讓人點閱，我以為神不知鬼不覺，想不到被當事者看到，找了警察來我們旅社搜查，現在我該怎麼辦才好？」我很好奇為何他會如此糊塗，他便開始跟我講起他的偷拍人生。

從小凱文就會躲在父母親沒關的門縫邊偷窺他們行房，這讓他感到莫名的興奮。上了國中之後，同學與女友會在校園裡卿卿我我，他也偷偷窺視了這對情侶三年。

凱文高中時也交了女友，很怪的是，他發現和女友在一起，完全沒有刺激感，而女友也受不了凱文整天與偷窺情色片為伍，憤而和他分手。

但在凱文認錯的幾個月後，兩人又復合，女友趁凱文洗澡時，在凱文的電腦裡，發現她和凱文親熱的畫面。女友覺得凱文變態極了，命令凱文將這些東西刪除，否則要報警。兩人最後還是分手了。

大學時朋友約凱文到夜店玩，他發現很多女生穿著很性感，於是想偷拍她們如廁的畫面。於是他帶了假髮與女性衣物。到了夜店後，先到男廁換上女裝，再到女廁安裝錄影筆，將錄影筆藏在廁所內芳香劑的蓋子裡。回到家後，他開始將這些錄影的檔案拿出來看，越看越開心，心中充滿了奇怪的幻想。

有天晚上，父親告訴凱文說要搬家，搬進新家後，凱文發現前後左右的窗戶都會對到別人的房間與廁所，心想不如買個望遠鏡，從房間裡還可以偷看別人的房間與廁所。於是他常常拿著望遠鏡對著別人房裡偷窺。甚至會在半夜關燈後，偷看別人家裡有沒有好玩有趣的事。

一天夜裡，他看見有戶人家大剌剌地在親熱，也沒拉上窗簾，這時他越看越起勁，覺得情色片演得很不真實，真實情侶上演的比較刺激，而且真情流露。他每天監視每戶住家的一舉一動，行為思想漸漸扭曲。

後來，父親頂了一間旅社，要求凱文也要來幫忙。凱文見父親很用心經營旅社，打出超低優惠，吸引很多學生與青少年上門。凱文看見一對又一對的情侶非常興奮，很想偷看他們到底在做什麼？於是決定要偷裝針孔攝影機。

某天下午，父親說要和母親出國去玩，要他代管旅社，也請了兩個員工來輪替交班，這時凱文覺得時機到了。於是打電話給裝針孔的公司，偷拿了一些旅社周轉的錢，付給前來裝針孔的工作人員。

裝完後，凱文專挑長得好看的情侶，將他們安排到裝有針孔的房間，甚至覺得自己一個人看太無趣，將拍好的內容剪接，還加上字幕，上傳到國外色情網站，想不到點閱率超高，也讓他賺了很多錢。

後來，他偷拍的影片越來越多，終於被客人看到自己上了偷拍網站，其中也有老公看到自己老婆居然外遇，氣得報案。

聽到這裡，我請凱文抽一張牌，告訴他：「此牌主角被繩子綁住了，代表你被情慾所綑綁，而且無法擺脫偷窺的衝動。此外，牌中有泥土地，泥土地在性格上代表固執，而你背後插滿八把劍，也代表坐牢。這場官司你很難勝訴，並且將你圍起來，無法避免牢獄之災。」

聽完之後凱文很害怕，說：「經過這件事，我會徹底洗心革面。」

我告訴他：「你必須到精神科就醫，否則你未來還是會再犯。」

於是我幫他安排一位熟識的心理醫生，讓他接受輔導。我問心理醫生該如何療癒這種狀況呢？

醫生說：「必須提供患者正確的性教育，挑戰患者種種合理化的藉口，建立起對被害者的同理心；分析窺視衝動的發生情境，以避免可能的環境刺激源。在行為上，治療師會教導放鬆技巧；提供『想像的減敏感法』，用想像情境的方式，逐漸習慣窺視的『衝動』，而不真的去作窺視的『行為』；使用厭惡療法，讓窺視與不適聯結；以及改善社交技巧。另外，處理窺視衝動發生前的內心衝突，積極治療合併的焦慮或憂鬱症，使用藥物降低性欲，以及運用外部的控制，如監控、限制居所等，都是可能採用的方法。」

經過醫生與藥物的治療，凱文慢慢的恢復，後來也進了監獄受了該有的刑罰。

－心靈小語－

媒體常常會報導偷窺狂的新聞，引起社會反感與恐慌。若社會大眾能對偷窺狂的行為模式有更深層的瞭解，相信不久的將來，可以慢慢減少偷窺狂的產生。

客人檔案：水電工

寶劍十

牌義：被冤枉、低潮、無法爬起、等待日出、無法伸張正義

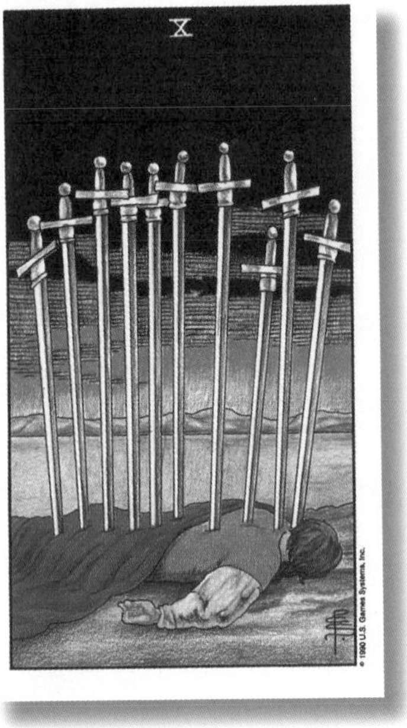

二〇〇五年，一位叫月娥的中年婦女來找我占卜，一進門我還沒開口，她自己就先問：「我想算我老公有沒有殺人？有沒有性侵他人？」

我心想，怎麼會遇到命案關係人來問我呢？很多人遇到命案，不去發掘證據，卻先來找算命師占卜，這種想法與做法是錯的。因為算命師本身也不願意走上法院，有些不理智的客人，會將算命過程告訴法官或者檢察官，萬一事實與占卜結果不吻合，算命師容易惹來一身腥。話雖如此，月娥還是想要幫她老公問個清楚。於是她開始講起這個故事。

月娥的老公叫林三，當水電工已經三十幾年了。上個月有位男子打電話來說：「你好，我家的浴缸堵住，想要請一位水電工來維修，地址是在……」這時月娥請她老公前去修理。

林三到顧客家後，因為天氣炎熱的關係，對方拿給他一杯冰水，請他先喝完再工作。他一直覺得這位顧客很面熟，好像在哪裡見過他。正當在想時，他突然聞到一股非常臭的味道，這個味道有點像腐肉。他喝完那杯水，不知不覺就暈了過去。

醒來之後，警方就來了，警方告訴他說：「有人報案說你殺了人，將人放到浴池裡。報案男子還說，你已經去過他們家好幾次了，在大約七天前，你就把人殺害了，這名男子說，他最近常到台中老家照顧家人，已經有七天沒回家，他打電話回來，發現他的女友都沒接電話，趕回來後發現，你躲在裡面睡覺，還喝了他們家的冰水，經過法醫檢驗也說屍體大約死了七天，我們調閱巷口監視器，發現你常在這巷口活動，而且七天前你也有進來這棟公寓裡，合理懷疑你是兇手！」

林三很緊張：「我根本沒有殺人啊！我是這附近的水電工，必須每天都在附近跑。今天我老婆接到電話，告訴我要到這裡來修水電。不相信你可以問我老婆。」這時警方傳喚了月娥，月娥告訴警察說：「沒有！我沒接到電話，他為什麼要自己跑到那個地方去？而且還殺了人！」

他覺得很冤枉，自己明明沒殺人，卻被人硬生生的指認自己殺了人，他懷疑自己是不是在做夢。警察告訴他說：「我們在死者身上發現你的指紋，而且死者家中，也有很多東西你使用過，我們根據指紋來研判，你跟死者很好，我們也在死者下體發現有你的毛髮，這樣的證據還不夠嗎？」

他一再強調根本不認識死者，全部的人都在冤枉他，他要求要找律師。不過警方不理會他，將他帶到偵訊室裡，警方對他測謊，想不到測出來的結果，是沒有說謊，不過警方為了要破案，故意測試他說：「你測出來的結果是有說謊，你還不承認。」

他眼眶泛紅，告訴警方：「你們如果要陷害我，我做鬼也不會放過你們的！」林三看見牆壁有個尖銳的牛角，就往牛角撞過去，這一撞就住院了。醒來之後看見員警與老婆陪在身旁，他告訴老婆說：「我真的沒有殺人，這些人都冤枉我，也不讓我找律師。」

月娥跟他說：「你如果有做只要承認，相信警方會從輕量刑。如果你不承認，警方可能會加重你的刑期。」林三覺得很奇怪，為何大家都要一直認定他殺人呢？而且他會到死者家，也是他老婆叫他去的，怎麼會現在都說她都不知情，但是他心想，自己的老婆應該不會害自己吧。

說到這裡，我打斷月娥，請她幫老公抽一張牌，看他有沒有殺人，結果是寶劍十，我便告訴她：「牌中有十把劍插入主角的背，畫面中不是主角插自己的，而是被別人所插入，這代表他是被人所陷害，他正等待日出，也就是劍被拔起來。而他目前無法伸張正義，因為十把劍，也代表不利的證據與指控，將會越來越多，妳注意看牌的背景是黑色的，代表他正處於人生的低潮期，這件事若沒有處理，他將無法翻身。」

聽到我這樣說，她很生氣，說：「我有錄音下來喔！全部的算命師都說他是殺人犯，只有你說他沒有罪，你有沒有算錯啊！」這時我覺得很奇怪，老公無罪不是很好嗎？她的反應感覺非要老公有罪不可。

三個月過去，一位男子打電話到店裡，央求工作人員一定要見我一面，工作人員問為何要插隊，他告訴工作人員：「這牽涉一樁命案，你可以叫老師聽個電話嗎？」這時工作人員很緊張，以為我犯了什麼罪，趕緊將電話拿給我。這個男子在電話那頭對我說：「老師你記得三個月前有算了一位女生嗎？她是我太太，她自殺了，她遺書有寫到你與命案的過程，我想拿給你看，順道問問她過得好不好？」

我想起來，這個男子就是月娥提到的老公林三。我心想還這個案件滿有趣的，想聽聽這其中到底有什麼隱情。隔天我安排這名男子插隊見我，男子跟我說出這三個月他發生的故事。

當時，月娥來找我算時，林三還在警方那裡，林三時常告訴月娥警方用刑求的方式逼供，也想突破他的心防，晚上還會扮死者來嚇他，無論警方如何做，他都沒有承認。

上個月，月娥突然在家中自殺身亡，孩子們打電話到警局報案，警察看見她的遺書，遺書裡面寫道，月娥已經外遇長達三年了。她認識一位小她十五歲的男子。這男子是在她學國標舞的地方結識的，常會逗她開心，每次國標比賽時，他們都會被分到同一組，常常得到冠軍。他讓她覺得自己年輕許多，於是他們很快地就在一起。月娥在遺書中有提到自己後來還買車送給他，還買很多名貴的禮物送他，甚至還想把家中其中一戶房子過戶給他。

有天月娥接到一通電話，這女子告訴月娥，和她在一起的這名男子是她的未婚夫，兩人已經論及婚嫁。月娥相當傷心難過，認為自己這三年來等於被騙了，她掛完電話後，立即約她的小男友出來談判。小男友當面坦承這一切，並且告訴月娥，已經不愛自己的女友，正在和她討論分手。小男友說：「我懷疑是她自己發現手機簡訊曖昧，所以才會沒有問過我就打給妳。這幾天我會和她分手，但妳也要快離婚，我想年底我們就可以結婚了。」

隔天小男友打給她說：「我殺了我的女友，怎麼辦，我要被抓進去關了，以後我們不能見面了。」月娥心想他一定是為了自己才失控殺人，告訴他說：「我來想方法，你別急。」

於是月娥來到小男友的住處告訴他說：「我們將這殺人事件，嫁禍給我的老公，明天我會騙他說這裡有人要修水電，等他到時，我再打電話跟他說，地址我說錯了。然後你先回去台中躲七天，七天後我再找老公到你住處，說你要修水電，你在他杯子裡下藥，讓他睡著，睡著後我們再將被子、餐具、枕頭都留下他的指印，打電話報警。如此一來，他被判刑後，我就可以趁這件事情跟他離婚。」

劇情後來急轉直下，月娥看見老公無辜的臉，心生愧疚，一直催眠自己人是他殺的，所以月娥到處找人算命，希望算命師能說人真的是她老公殺的，讓她心安。但她發現她的小男友，不只跟她，還跟很多人談戀愛。前幾天小男友人間蒸發，她到他的住處一看，東西全都收走了，她才發現自己什麼都沒了，於是她選擇自殺。因為她不知道以後怎麼面對林三。

林三被無罪釋放之後，整理月娥的東西，無意間看見一支錄音筆，心想會不會有她以前與男友的講話過程，當他聽完後才發現，月娥到處找人算命，其中一個人就是我，於是林三在月娥的皮包找到我的名片，就來找我了。

這個離奇的故事令我印象深刻，月娥完美地嫁禍之後，畢竟良心不安，竟然神智失常到忘記小男友才是真正的凶手。雖騙得了別人，但騙不過自己的良心，天網恢恢，終有報應。

－心靈小語－

當你想外遇時，要想想看目前的另一半，陪你走過多少辛苦路，你們已經磨合多久了才有今天的局面；人或許都會犯錯但是千萬不可一錯再錯，甚至成為犯錯者的共犯，當你變成共犯想要回頭，有時已成千古恨。

客人檔案：慈善公會副會長

寶劍國王

牌義：公正的、判斷力很強、公正不貪污、警覺性很強

二〇〇九年冬天，一位慈眉善目的婆婆來找我占卜，她一看見我就說：「老師，我想知道慈善公會的理事長是神棍嗎？他現在下落不明，警方在追查他的下落，因為在他們的慈善公會被警方搜到有安非他命、搖頭丸以及假鈔，而我是公會的副會長，我想我早晚會被警方約談，我很害怕，不知道慈善公會是不是騙人的，我還邀請了我所有朋友加入耶。」

我嚇了一跳，慈善公會裡竟然販毒還有假鈔，於是我問婆婆說：「妳可以敘述一下整個過程嗎？」於是她很驚慌的講起她與慈善公會的點點滴滴。

這位婆婆名叫秀枝，是一位很熱心，也很樂意幫助里民的人。一天下午，當地里長問她要不要參加慈善公會，秀枝覺得是很正派的團體，於是她與里長一同前往服務處。一進到服務處，理事長告訴秀枝，自己花錢買這棟房子，將它改成慈善服務處，未來會請一些宗教團體，一起來幫大家服務，有免費收驚，也會舉辦法會以及募款活動。

聽到這裡，秀枝覺得就是一般的慈善單位而已，沒有什麼特別。這時突然進來一位道士，這位道士說：「你好，我是玄天上帝的代言人，大家都叫我添才，我以後會在這裡服務。慈善公會除了助人之外，會長嚴格挑選優質的道士與通靈人士，來這裡服務。會長說當地很多人常常被神棍騙，所以他都親自挑選。」道士突然拿起一把刀，命令他的徒弟，將公雞頭斬斷，並且讓雞復活，看到這裡所有人都當場向添才下跪。秀枝覺得太神奇了，她立刻回家打電話給朋友與親戚說：「有位高人能將公雞頭斬斷，讓公雞復活。」因為添才的神蹟，公會招攬了上百位信徒與樂捐人士。

一天晚上添才告訴所有人，要帶他們前往另一度空間。添才手腳俐落的筆劃著，並跟所有人說：「玄天上帝要派人帶我們去四度空間，請各位善男信女，將前方的紅布綁在眼睛上，並且喝下仙露水。」

想不到一喝下去，大家身體都開始搖晃，也有人擺動全身，更有人起來跳舞，大家醒來之後都說看到很多 3D 的畫面，還有人說看見神明與過世的親人。大家覺得很神奇，紛紛崇拜起添才。

鄉親們很支持添才，他的知名度很快從台南擴到高雄甚至嘉義。秀枝說還有某位藝人也是這裡的信徒。不過，當時很多人都很納悶理事長到底跑去哪，怎麼一年沒看見他待在慈善公會裡。

很快地，新年到了，添才要幫全部人開運，希望所有人準備一個小袋子，在袋子裡，裝千元鈔票與黃金，拿來放在玄天上帝的神尊面前，加持三天，加持完後，各位再拿回去使用就能發財。大夥不疑有他，紛紛將鈔票及黃金分裝好，放在自己的袋子裡。過了三天，他們將自己的小袋子拿回家，他們覺得添才為人正派。起初他們還以為錢與黃金會不見，想不到能完璧歸趙。

幾天後，添才告訴所有人，要表演光體磁場。他命令大家將燈光關掉，背後竟然跑出神光。添才的徒弟叫大家上前看是不是真的，秀枝當時跑到添才的背後，完全看不出做假。有人當場拿出三百萬要幫玄天上帝蓋廟，也有人說要將家中的土地過戶給添才，讓神明蓋廟。

添才還告訴大家，過幾天神明要賜神丹給大家，希望大家能都能來拿神丹。不過神丹是神明從遙遠的國度拿來的，大家若要的話，必須要買十五萬的紙錢，這顆神丹能治百病，讓人通體舒暢，限量五顆，如果沒錢的話可以分期付款。

聽到限量與分期，大家都搶破頭，一些沒搶到的民眾問添才怎麼辦？添才說：「下個月神明還會到另一個地方去採仙丹，大家別急。」就在此時添才又表演另一項絕活，隔空取藥，鄉親原本看見藥罐裡裝了藥，一下子竟然變到自己的手裡，覺得很厲害，秀枝也決定將自己的土地捐出來。

某天，秀枝拿了上次在慈善公會加持過的鈔票，到賣場買東西，結帳時，店員告訴她，這是假鈔，要她換一張真鈔。這時她嚇了一跳，心想：「怎麼會是假鈔呢？那是我從銀行提出來的，不可能是假鈔。」這時，秀枝也到銀行問清楚，為何自己拿到假鈔，銀行行員跟她說：「不可能！我們不會給客戶假鈔的，況且在領錢時，我們都有點給妳看，確認是否為真鈔。」這時秀枝心想會不會是慈善公會有問題，她趕緊飛奔回去將家裡的黃金給銀樓鑑定，想不到銀樓老闆說：「秀枝，這是假的黃金啊！」秀枝才發現自己上當了。

於是她到慈善公會找添才理論，並威脅添才若不還她原本的錢與黃金，要將全部的事說出去，添才很鎮定地說：「請妳跟我過來拿錢。」這時她跟著添才後面走，一進到房間裡，添才立刻將她綁住，她就這樣整整被軟禁四天。

到了第四天，她被警方救出，她問警方，為何會知道她在這裡，員警說：「有人報警說自己的錢與黃金，被慈善公會掉包，還有民眾說，自己在昨天參加添才的神遊出體後，全身嘔吐抽筋，立刻到醫院就醫。醫生說疑似吸毒嗑藥的症狀，對方立即報警，當我們員警趕來這裡時，看見他在斬雞頭。我們發現，他只是斬到雞冠，並沒有斬到雞脖子。還有什麼光體，那是用高精密的雷射投影機投射的。」

警方問秀枝有沒有看見理事長，因為他的家人都找不到他，秀枝回答：「我被關在這裡四天以來，都沒有看見理事長。」這時秀枝覺得理事長一定是共犯，她告訴警方，理事長是叫這位神棍來的人。

某天，秀枝想起之前預約塔羅牌的日子到了，於是跑來問我說：「小孟老師，我想理事長是主謀他一定是跑路了。」這時我請她抽一張牌，她抽到寶劍國王正位，我告訴她說：「此牌主角是國王，當國王正位時代表他是一位好國王，而且國王手上還有拿一把劍，代表他是公正、判斷力強、公正不貪污、警覺性很強的，所以理事長沒問題，不是壞人。」

過了幾天，秀枝打電話來：「小孟老師，你算的沒錯，理事長過世了。因為他發現添才是騙子，想要將他抓去警局，雙方在扭打的過程中，被添才拿花瓶給砸到頭過世了，添才後來將理事長棄屍在河裡，昨天才被發現。」

我心想，可憐的公會理事長，為了每個里民的對於信仰的熱誠，如此竭盡心力服務，然而卻遇到神棍詐欺。理事長的一片好心，我們應該記得那些善良，並且懷抱著信仰面對世界。

一心靈小語一

神明不是人，祂是不需要錢的，祂不需要證明自己的神蹟，來取悅群眾，神明若是正神，祂不需要別人捐地蓋廟，因為儉樸之地祂也能修行。當人有信仰時，是件好事，信仰能幫助我們有往前的動力，當信仰向你收取錢財時，你要當心，這或許是一場騙局。

客人檔案：A級房仲

寶劍皇后

牌義：識破他人、眼光精準、不被影響、思考複雜

二〇一一年夏天，有位小姐前來占卜，她告訴我想轉業，因為不想再說謊騙人了。我問她：「為什麼這麼說？妳是從事什麼行業？」她很爽快的回答我：「我是房屋銷售人員，簡稱代銷。以前是賣中古屋，還做過都更，不過現在我跟著建商在賣預售屋。」我問她：「那為何妳要說自己說謊騙人呢？」她開始說十年來從事房屋銷售的故事。

這位小姐名叫依純，是一位單親媽媽。她很年輕就結婚，因為丈夫外遇，他們結婚不到三年就離婚。之後，她帶著小孩從新竹到台北工作。她聽說房仲很好賺，因此她開始到處面試，也順利的進入房仲公司上班。

房仲公司會教他們怎麼賣屋，也會傳授一些話術。比方說，這棟房子已經三十年老房子又漏水，他們就會說：「比起新房屋價差三分之一，坪數與空間也很大，請人來拉皮與檢修花不到多少錢。如果你住不舒服，等到房屋增值再賣掉，等到脫手後，再換全新的房子。」

依純還告訴我，她是如何賣凶宅的。她說：「之前有個客人，很喜歡大安區某個公寓，但是這間屋子，之前有發生一家四口被殺的命案。於是我就告訴他們一家人，這個房子已經找台灣知名風水師還有道士處理過了。」她為了要賣這間房子，花了大筆的費用，找電視台曝光過的老師來露臉給顧客看，並且說這間房子超帶財，已經沒有冤魂，果然順利賣出。

之前她也賣過二戶凶宅，她的銷售話術是，之前買了凶宅的買家，從原本的工程師，搖身一變成製造工廠的老闆；還有一位，之前母親得癌症，原本醫生宣告無藥可醫，想不到搬進來後，竟然完全康復，風水師說這叫做以陰補陽。

當她說完之後，客戶隔天就來簽約，雖然交易成功，但她的心裡還是有點過意不去，但是為了小孩她還是硬著頭皮這麼做。

之前她的老闆命令她盡快處理一塊墳地，她知道沒有人會買，於是她串通算命師、找了臨時演員，假裝也是要來買地的客人。當真正要買的客人上門時，她說：「這塊地風水師想要拿去下葬自己的家人，他說這裡是龍穴旁邊是烏龜穴，龍帶靈氣，烏龜帶長壽之氣，風水師說他非買不可，如果不給自家人用，以後有客人想要找這種穴位，他會高價出售；旁邊這一位是上市公司的老闆，但是不能透露他的公司名稱與姓名，他也聽說這裡有龍穴要來看，不過因為你們先來看，本公司有優先保障順序。你是第一位來看的，如果你不要的話，我現場就賣給第二位候補的風水師；風水師不要，就賣給第三位上市公司老闆。」

她見這位客人心動了，假的風水師就會走上前，跟客人說：「你如果買到，我再加一百萬跟你買回來好嗎？」上市公司的老闆這時也會說要加兩百萬買，於是這位顧客立刻答應要買。後來這件事讓依純極度良心不安，於是她離開中古屋市場，轉到預售屋的市場。

預售屋大部份都是看未來增值性的。因此銷售員都會跟客人說：「這裡以後會有捷運、公園；這裡未來會興建購物中心。」

來買預售屋的客人，很多是投機客，他們買了預售屋，等房屋要蓋好之後，再賣給別人，他只要出頭期款而已，根本不用貸款，所以很多人靠預售屋賺很多錢。

之前接了一個重劃區案子讓她成了銷售業績王。因為重劃區會規畫很多未來的願景，比如：有購物中心、捷運會有分線、市政府也會遷進來，還會有大型量販店。

而建案離捷運其實要走路八分鐘，很多客人覺得還是很遠。但她會說，離捷運四百八十秒。另外她也不確定購物中心會不會有電影院，但她會跟客戶說，這裡以後會有電影院、**KTV**、麥當勞，許多客人紛紛心動，認為這裡以後一定會增值。

直到最近她覺得台北已經沒有挑戰性，於是轉移陣地到高雄去賣房子。高雄很多地方都有海景，號稱水岸住宅。一天，有位老實的客人上門，名叫亦修，是兩個孩子的父親，其中一個小孩有憂鬱症。

依純告訴亦修：「住在這裡最好了，海景一望無際，你的小孩有憂鬱症，住在這裡空氣好又可養病，我用人頭保證你的小孩很快就康復。」於是亦修就和依純簽了合約，買了這間房子。

幾個月過去，她開始陸續接到恐嚇電話。亦修打來要向她要人頭，亦修說：「妳這個女人到處亂講，我的小孩後來跳海了，他遺書寫到自己看見海有一股想要跳下去的衝動。我已經去收屍了，並且還在屍體邊跟他說，請他以後去找妳。」

依純講到這裡，兩手顫抖起來，她還問我說：「老師，聽說你看得到鬼，請問我旁邊有鬼嗎？」

我跟她說：「有鬼。」

她突然間大叫並且躲到桌子下，大喊說：「在哪？」

我說：「是疑心生暗鬼啦！」

這時她拍桌子斥責我說：「老師請你不要那麼綜藝化好嗎？我們不是在上節目，是在占卜，一點都不好玩。」

我問依純：「妳想占卜什麼問題呢？」

她回答我說：「我是不是要繼續從事房仲業？」

我請她抽一張牌，她選到寶劍皇后牌，我跟她說：「此牌主角是皇后拿起一把劍，往前方注視，代表她能識破他人的手法，也就是妳太瞭解人心了，每一位客戶，妳都辦法用不同手段說服他們購買，因為皇后都坐得很穩，而妳目前遇到這件跳海事件，很快就會過去。相信經過這事之後，妳再也不敢誇大其詞。」

━心靈小語━

誇大事情的人，內心也很害怕事情被發現，被識破了，還要運用話術來轉話，相反的，不誇大事情的人，內心裡才是活得最自在的人，因為你能用心體會世上每個真誠的聲音。

Chapter 6

關於塔羅牌

塔羅牌的由來
塔羅牌七十八張架構圖
塔羅牌占卜注意事項
塔羅牌洗牌與抽牌模式
塔羅牌大牌關鍵字
塔羅牌小牌關鍵字
塔羅牌牌陣

塔羅牌的由來

塔羅牌的歷史眾說紛紜，有人說從埃及也有人說中國，說法大約有六種之多。大多數學者認為是從義大利，彷彿各派學者學說都有其解說。

相傳塔羅牌與一種撲克遊戲「tarocco」相關，「塔羅」這兩個字，是取自古埃及語中 Tar（道）和 Ro（王）兩詞，意為「王道」的意思，所以「塔羅」指的為一個王者，需具有一定的智慧與決策。但塔羅牌真正的意思「塔羅」不是紙牌的原名，只是法語簡化義大利原語「塔羅奇」（tarocchi）。

十四世紀（一四四一年左右），義大利最早出現的第一副塔羅牌，這也是塔羅牌廣為流行的世紀。在當時張數有八十六張，其保留有六十七張，第二副由威斯康堤宮廷贈禮給斯佛扎（Sforza）當作結婚禮物總共八十六張，保留八十二張。這兩副塔羅牌，相傳出自一位藝術家班波（Bonifacio Bembo）所繪製。

當時義大利威斯康堤宮廷，使用班波所繪製的塔羅牌來當作貴族遊戲。有趣的是這兩副塔羅牌都沒有編號及名稱。「tarocco」到底是不是現在的塔羅牌，現今沒有人能夠說清楚了。

原因為羅馬教廷，就對塔羅牌是相當嚴禁的，在羅馬教廷許多重要的文字資料，都已經被燒毀，後來研究塔羅牌的學者也表示，這些證據只能說明塔羅牌曾經在歐洲出現，不能證明塔羅牌起源於義大利，所以到現在今眾多學者只能議論紛紛，但真正塔羅牌起源於何處，沒人可知。

現今塔羅牌共有七十八張，分為兩個部份：「王牌」（trump），指大阿卡納（the Major Arczna）牌，大阿卡納共二十二張牌。「小牌」（the suit），指小阿卡納（the Minor Arczna）牌，小阿卡納共五十六張牌，分成聖杯牌組（Cups Suits）、權杖牌組（Wands Suits）、錢幣牌組（Pentacles Suits）、寶劍牌組（Swords Suits）。「阿卡納」指的是「奧秘」的意思。

塔羅牌 78 張架構圖

大牌（王牌）0-21 張：

愚人、魔術師、女祭司、女皇、皇帝、教皇、戀人、戰車、力量、隱士、命運之輪、正義、倒懸者、死神、節制、惡魔、高塔、星、月亮、太陽、審判、世界， 編號排序分別從 0、1……21。

聖杯皇后

聖杯 10

聖杯 7

聖杯 4

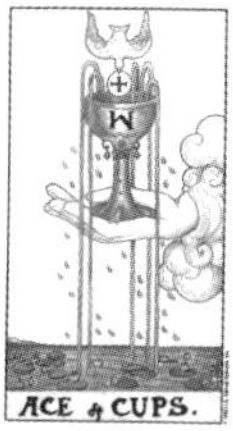

聖杯 ACE

聖杯國王

聖杯侍者

聖杯 8

聖杯 5

聖杯 2

聖杯騎士

聖杯 9

聖杯 6

聖杯 3

小牌－聖杯牌組：

代表水元素、水象元素、水象星座。共分成聖杯 ACE ～聖杯十。共十張。與聖杯宮廷牌組：聖杯侍者、聖杯騎士、聖杯皇后、聖杯國王。共四張。
加總聖杯牌組：共十四張。

權杖皇后

權杖 10

權杖 7

權杖 4

權杖 ACE

權杖國王

權杖侍者

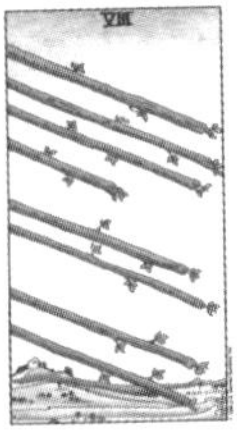

權杖 8

權杖 5

權杖 2

權杖騎士

權杖 9

權杖 6

權杖 3

小牌－權杖組（又稱生命之樹牌組）：

代表火元素、火象元素、火象星座。共分成權杖 ACE ～權杖十。共十張。與權杖宮廷牌組：權杖侍者、權杖騎士、權杖皇后、權杖國王。共四張。
加總權杖牌組：共十四張。

寶劍皇后

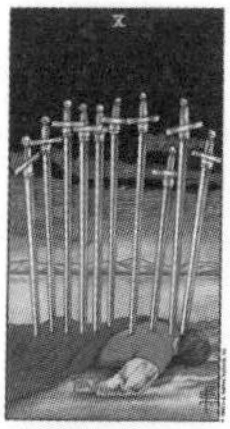

寶劍 10

寶劍 7

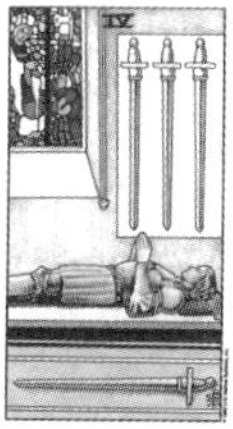

寶劍 4

寶劍 ACE

寶劍國王

寶劍侍者

寶劍 8

寶劍 5

寶劍 2

寶劍騎士

寶劍 9

寶劍 6

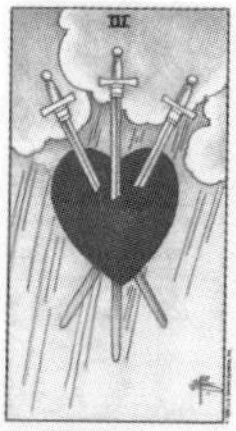

寶劍 3

小牌－寶劍組：

代表風元素、風象元素、風象星座。共分成寶劍 ACE ～寶劍十。共十張。與寶劍宮廷牌組：寶劍侍者、寶劍騎士、寶劍皇后、寶劍國王。共四張。加總寶劍牌組：共十四張。

錢幣皇后

錢幣 10

錢幣 7

錢幣 4

錢幣 ACE

錢幣國王

錢幣侍者

錢幣 8

錢幣 5

錢幣 2

錢幣騎士

錢幣 9

錢幣 6

錢幣 3

小牌－錢幣組（又稱五角星錢幣牌組）：

代表土元素、土象元素、土象星座。共分成錢幣 ACE ～錢幣十。共十張。與錢幣宮廷牌組：錢幣侍者、錢幣騎士、錢幣皇后、錢幣國王。共四張。加總錢幣牌組：共十四張。

塔羅牌的占卜，是追尋過去、現在和未來的超自然占卜法，其原因為塔羅牌能像人們心靈的鏡子一般，準確知道問卜者的過去、現在和未來發生的事情，使用塔羅牌占卜，主要的目的是進一步瞭解自己，了解過去，改進現在，甚至改變未來。

塔羅牌占卜注意事項

塔羅牌的使用方法，無須繁雜的過程與儀式，若是半路出家的占卜師也能輕鬆上手。在使用前，建議你能保有卑以自牧的精神，你將能卓爾不群，但是千萬不可卜晝卜夜，因為塔羅牌只能了解你過去與現在的心態，無法準確洞悉，未來整體百分百所發生的事件。

當你知道結果時，必須要給自己一個建議，這個建議將能使你擺脫宿命論的預兆。當你一味相信紙牌給你的答案，卻不去改變一些行為與個性，將會使自己陷入迷信的枷鎖中，進而走入庸人自擾的虛擬情境。

塔羅牌占卜七大留意之處：

一、在洗牌或默念問題時一定要專心。

二、悲傷難過或生病時不要占卜，不然會因為情緒左右牌義。

三、選擇安靜的環境為佳。

四、午夜占卜最準，因為磁場處於較寧靜時刻。

五、占卜問題要具體，不可太大範圍。

六、占卜結果不滿意，三個月內不要反覆占卜同一個問題，因為你只想要得到你要的答案。

七、塔羅牌沾濕或者折到，就不要再繼續使用，不然會影響洗牌時黏住或洗不動。

八、塔羅牌的時間都以三個月內為標準，因為一年有四季，一季有三個月。

塔羅牌占卜流程

一、設定問題。問題不可太大方向，如：「我想知道我的感情狀況？」這個問題過於大方向，會讓牌不知道是在問什麼？你應該要這麼問：「我想知道我和某某某會不會有結果？」問得越細，牌義解釋越清楚。

二、進入洗牌與抽牌模式。

三、選用適當的牌陣。

四、開始解牌。

塔羅牌洗牌與抽牌模式

8

7

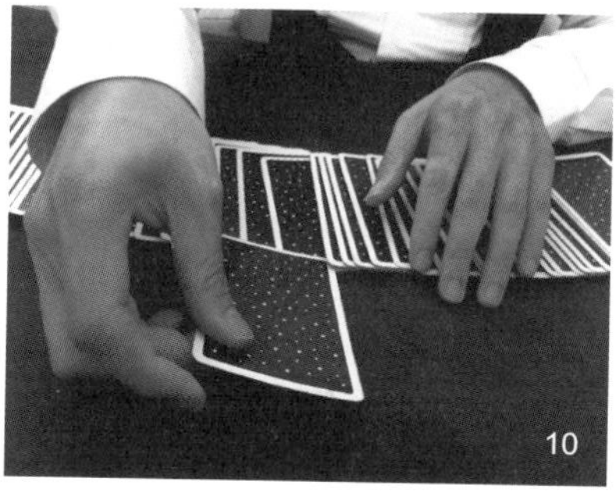

10

9

1. 先把雙手放於紙牌上，在心裡默唸我是某某某，我要問的問題，總共默唸三次。
2. 用兩手順時針旋轉洗牌。
3. 將牌合併。
4. 將牌收好。
5. 把牌切成兩堆。
6. 再從第二堆牌切出第三堆。
7. 合併第二堆與第三堆牌。桌面上形成兩堆牌。
8. 再將步驟 7 合併好的牌，全部併入第一堆牌。
9. 將牌完全攤開。
10. 從中挑選一張。
11. 由右至左將牌翻開。

11

註：⑴幫自己算時要將選出的牌旋轉 180 度。
⑵幫別人算時對方選出的牌，要以對方抽出來的方向來解牌。

塔羅牌大牌（王牌）關鍵字

牌名	牌義	
0號 愚者牌	正位	有希望、蒸蒸日上、步步高升、流浪、旅行、光芒、耀眼、有錢、薪資好。
	逆位	衝動、容易被煽動、魯莽行事、幼稚、沒大腦、自以為是、把事情理想化，卻發現越來越困難、目標過高、逃避現實、承諾的事開始卻無法貫徹、我行我素、對周遭環境不具關心、逃避、不會覺悟。
1號魔術師	正位	聰明、有主見、好奇心旺盛、口才好、會辯論、學習能力強、了解別人心態、溝通能力強、目標專一、意志力集中、創造奇蹟、創造力十足、能量充沛、有直覺力。
	逆位	花心、愛交朋友、自大、想得多做得少、看到外表不錯的就想交交看、善變、很會找藉口、愛胡思亂想、意志力薄弱、講的有理，做出來都很差、自我形象差、學習困難、合作不良、困惑、猶豫、無法做正確的選擇、輕易放棄。
2號女祭司	正位	直覺力、很有靈感、有內在修養、有規矩及原則的人、會觀察別人、守法的人。
	逆位	沒有規矩、無法看清很多事物、沒有內在、不按表操課的人、表裡不一、沒有智慧、無法洞悉他人、淺見。
3號皇后	正位	很成熟、充滿熱情、很穩定，具有生命力與包容力、很會安撫人心與情緒、很懂得別人的知覺及情感。
	逆位	不成熟、不熱情、沒有包容力、不懂得別人的知覺及情感、放縱、自私。
4號皇帝	正位	支配性很高、很有自信、很有領導力、掌控力很強、冷靜思索任何問題、謹慎小心、會自律、講究誠信、耐磨抗壓性很高。
	逆位	不會支配或者分配任何事物、無法控制情緒、固執、沒有誠信、不謹慎草率、軟弱、不喜歡被掌控、無法自律。
5號教皇	正位	傳統、保守、喜歡說教、喜歡啟發他人、重心靈層面。
	逆位	不喜傳統、不喜保守、常常猶豫不決或者常選擇要加入某團體、常講錯話、固執。
6號戀人	正位	浪漫、很愛選擇、純真、喜歡性愛感、自然直接。
	逆位	喜歡劈腿、無法調和、優柔寡斷、不浪漫、不夠自然、分散、分離、對立。
7號戰車	正位	領導、好強、自我處理、意志力強、喜好挑戰、積極。
	逆位	無法領導、約束力不足、消極。
8號力量	正位	自信、有能量、體貼呵護、很有內在、馴服、有說服力、有耐心、已歷經磨難。
	逆位	沒有自信、沒有能量、不體貼呵護（等待被呵護）、沒有內在、無法馴服與駕馭、沒有說服力、無法克服。

牌名	牌義	
9 號隱者	正逆位一樣	不擅言語、低調、有志難伸、憂鬱、陰鬱、神秘、有才能無法發揮、現實。
10 號 命運之輪	正位	輪迴、進化、成長、機會、轉換、好運、命中注定、喜好成長、喜歡變化、喜好學習。
	逆位	猶豫不決、腦袋不會轉、不喜好學習。
11 號正義	正位	公平、合理、平等、正直、負起責任、誠實。
	逆位	邪惡、計較、沒有正義感、無法負起責任、不誠實。
12 號吊人	正逆位一樣	會反省但不會改、停滯不前、常常遭遇困頓、犧牲、奉獻。
13 號死神	正位	喜歡破壞別人、遇到事情容易終止、抗壓性不夠、喜好轉變。
	逆位	過去你的個性不好但漸漸變好、不同以往。
14 號節制	正位	樂於分享、付出會有回報、有來有往、互惠共存。
	逆位	不樂於分享、不喜歡付出、討驗有來有往、不會互惠共存。
15 號惡魔	正位	慾望強、很貪婪、混亂（放蕩）、愛反抗、喜愛控制他人、黑暗面多、喜好墮落。
	逆位	慾望已死、不再強求、接受現況、鬆綁、脱離過去。
16 號高塔	正位	反覆不定、墜落、善變、火爆。
	逆位	喜好革新、改變很多、回到過去的樣子（好的）。
17 號星星	正位	智慧、希望、穩定、賜福、福報。
	逆位	沒有智慧、你的希望都會落空、你不穩定、落後，常做一些付出得不到回報的事。
18 號月亮	正位	迷惑、坎坷難行、距離、不明朗、未知。
	逆位	恢復理智、認清自己、過去有距離感，現今沒有距離感。
19 號太陽	正位	光明、純真、燦爛、天真、有未來、欣欣向榮。
	逆位	不陽光、不單純、暗然。
20 號審判	正位	破鏡重圓、復興、大逆轉、東山再起、八卦、覺醒。
	逆位	不會反省、不會改變缺點、亂説話。
21 號世界	正位	愛自由，喜好無拘無束，不受任何綑綁。
	逆位	消極沈悶，生活頹廢，而且也非常固執、不近人情、距離太遙遠，冷卻、孤單的生活圈、彼此之間無法配合好，關係越來越糟糕。

塔羅牌小牌關鍵字

聖杯組：ACE ～ 10（水元素）

牌名	牌義	
聖杯 ACE	正位	感情源源不絕、重新出發、友誼很多、新戀情。
	逆位	人際關係差、寂寞、沒有心了、付出得不到回報、悲傷離去。
聖杯二	正位	男女藉著別人介紹、感情快速交流、平等互惠。
	逆位	不平等關係、合約破滅、解約、關係破滅。
聖杯三	正位	合作愉快、豐收、快樂的慶祝、慶祝問題得到解決。
	逆位	不被祝福、合作不愉快、希望落空
聖杯四	正位	沉靜、乏味、沉醉在過去、放不開心胸、不滿足、不滿意現況。
	逆位	暴飲暴食、錯失良機、意志消沉、變化太快。
聖杯五	正位	失戀、難過、傷心、後悔。
	逆位	你還沒忘記他、努力會改善現況、尚未步出目前的憂傷、憂鬱。
聖杯六	正位	傳承與照顧、有桃花、想要回到過往。
	逆位	無法傳承與照顧、無法忘記過去、桃花遠離。
聖杯七	正位	迷惘、困惑、突然面對很多選擇。
	逆位	分手、離開、選擇很多無法判斷、逃避選擇。
聖杯八	正位	未知數、邁向新的旅程、感情到了該結束的時候、改變想法、離開一段感情或追求的目標。
	逆位	死心放棄、覆水難收、感情失去控制。
聖杯九	正位	快樂、圓滿、有成就，學習完成、有結果。
	逆位	虛榮、存款不足、過度花費、只顧自己、自我感覺良好。
聖杯十	正位	圓滿，樂於分享、展現愛、家庭和樂。
	逆位	失去友誼、失去婚姻、家庭爭吵或喪失小孩、同性戀。

權杖組：ACE ~ 10（火元素）

牌名	牌義	
權杖 ACE	正位	行動的開始、一支獨秀、掌控力和執行力強、發明、技術性、開始新的專案、抓住機會。
	逆位	無力、時機不易掌握、不易掌握、沒有技術。
權杖二	正位	因努力而獲得成功、在經驗中學到正智慧與能力、發展新事業、轉變、離開熟悉的環境。
	逆位	一定要離去、旅行終止、事業有突發事件。
權杖三	正位	等待、苦守、掌握行動力和控制權、一帆風順、夢想成真。
	逆位	控制力不足，失去掌控權、無法實施計劃、分不清楚理想與現實。
權杖四	正位	節節高升、加薪、慶祝和歡愉、辛苦得來成果。
	逆位	財產或房子可能受損失、奢侈的生活、延遲完成計畫、結果不如預期。
權杖五	正位	混亂、爭吵、派系分裂、溝通困難、爭奪、需要靠心智和努力才能得到成功。
	逆位	放棄奮鬥、失敗、事業困境、不順心。
權杖六	正位	榮耀與光榮、讚揚、成功即將到來、：升遷、以智取而不用武力。
	逆位	害怕失敗、被人扯後腿、缺乏決斷性、劈腿。
權杖七	正位	愉悅、快樂、志得意滿、自信、奮力一搏。
	逆位	猶豫不決、在結束前就放棄、缺乏決斷性、挑戰失敗、害怕負責任。
權杖八	正位	等待有收穫、希望成真、期待的消息有回應、即將面臨忙碌的生活。
	逆位	障礙不斷、沒有三思而後行、嚥不下氣、亂了方寸。
權杖九	正位	困頓、挫敗、等待、耗費時間及金錢、迷失自己。
	逆位	保持低調為佳、苦等無用、放棄較佳、改變不了。
權杖十	正位	加班、過度疲勞、背負了很大的壓力、不願放棄，非常執著。
	逆位	壓垮自己、不懂求救、低潮、受到指責。

寶劍組：ACE ～ 10（風元素）

牌名	牌義	
寶劍 ACE	正位	勝利、衝破考驗、突破瓶頸、超越自己、征服。
	逆位	佔有慾很強、困惑、破壞力很強、結束。
寶劍二	正位	不安感很重、左右為難、不願面對。
	逆位	已到盡頭、欺騙、看不清真相、錯誤的、虛偽的。
寶劍三	正位	被甩、三角關係、分離、痛苦、破壞、心痛、悲傷。
	逆位	衝突不斷、難過至極、無法忘懷、悲苦。
寶劍四	正位	釋放壓力、休息、住院、防備心強烈。
	逆位	過度疲勞、疲憊不堪、為愛受苦、困在回憶。
寶劍五	正位	挫敗、負面的想法、接受事實、轉換新的方向、損失。
	逆位	受辱、偏執、雙重人格、面子喪盡。
寶劍六	正位	克服阻礙、離開困難與麻煩、旅行、回憶傷痛與傷痛慢慢消除。
	逆位	意料外的發展、忘不了過去、不理想的改變、努力不夠。
寶劍七	正位	渴望逃離現狀、搬家或換跑道、失竊、敵人勝利。
	逆位	錯誤被揭發、無法堅持、無能完成計劃、偷吃被反撲。
寶劍八	正位	孤單、囚禁、被束縛、無法逃脫、阻礙。
	逆位	一切危機即將解除、掙脫束縛、由淡轉濃、克服一切。
寶劍九	正位	失望、失眠、噩夢、感冒、痛苦。
	逆位	被拋棄、悲慘、精神不好、為愛吃苦、工作不振。
寶劍十	正位	毀滅、孤寂、人生低潮、爬不起來、慘敗。
	逆位	死而復活、東山再起、遠離困擾、遇見危機，但是會改善。

錢幣組：ACE ~ 10（土元素）

牌名		牌義
錢幣ACE	正位	新的企劃、財務關係、工作的開始、經濟改善、物質優渥、財富。
	逆位	缺乏想像力、吝嗇、貪婪、物質主義、損失錢財、或進行一項沒有獲利的工作。
錢幣二	正位	有自信、魚與熊掌兼得、財務不錯、很會運用資金。
	逆位	魚與熊掌，不能兼得、反覆不定、財務危機、偷吃被抓包、無精打采。
錢幣三	正位	關係穩固、努力會帶來財富、教導與學習、滿足與驕傲。
	逆位	教導不好與學習不佳、努力卻得到失敗、忽略計畫重點。
錢幣四	正位	滿腦想著都是錢、小氣、忌妒、升遷、自私、不管別人。
	逆位	因小氣而損失更多、財物損失、人際運差、無力償還。
錢幣五	正位	人生的低潮、失業、經濟拮据、情侶相處中缺乏錢。
	逆位	絕望，長期失業、無法成功、沒有能力改變一切、能力不足。
錢幣六	正位	受惠於他人、還清債務、報恩、慈善、同情，與親友分享財富。
	逆位	被收買、有代價的報酬、使用金錢不慎、財物損失。
錢幣七	正位	思考轉行、無法得到回報、看得到摸不到、眼高手低。
	逆位	想求偏財、財務危機、破產、失敗、看得到目標卻失敗、怠惰不努力。
錢幣八	正位	才華洋溢、努力得到收穫、不斷努力才有成果、白手起家。
	逆位	浪費力氣、工作／感情太累需要休息、工作不適合、做多領少。
錢幣九	正位	生活有品質、富庶的環境，象徵事業有成。
	逆位	短暫富庶的環境、短暫事業有成、想要忙裡偷閒、短暫時光。
錢幣十	正位	守舊、良好的世家、家庭傳統、慰藉、物質化、想要被關心。
	逆位	財務糾紛或感情糾紛、感情爭執、過於執著於傳統。

塔羅牌十四張宮廷牌組：

牌名	牌義	
寶劍侍者 聖杯侍者 錢幣侍者 權杖侍者	正位	喜好挑戰、先斬後奏、行動派執行力高、理想主義、手腕很強。
	逆位	狡猾、耍心機、愛爭鬥、不會成功、地位下滑。
寶劍騎士 聖杯騎士 錢幣騎士 權杖騎士	正位	克服逆境、強而有力、勇敢、衝動派、有個性、直來直往、有活力。
	逆位	受傷、衝太快、莽撞急躁、人仰馬翻、三分鐘熱度。
寶劍皇后 聖杯皇后 錢幣皇后 權杖皇后	正位	按按照規矩、中規中矩、按部就班、有原則、強勢作風、女強人、經歷過很多經驗或考驗、不喜歡談愛。
	逆位	欺詐、傷害別人、小心眼、耍心機、玩弄、容易當別人的敵人。
寶劍國王 聖杯國王 錢幣國王 權杖國王	正位	有創意、理性、判斷力很強、公正、專業素養、判斷力獨特。
	逆位	沒有專業性、從事不法、貪污、濫用職權、頑固、攀龍附鳳、對當事人造成傷害、我行我素。

塔羅牌牌陣

愛情牌陣（簡稱三角形牌陣）

抽法：隨意抽四張，排成如下圖所示。

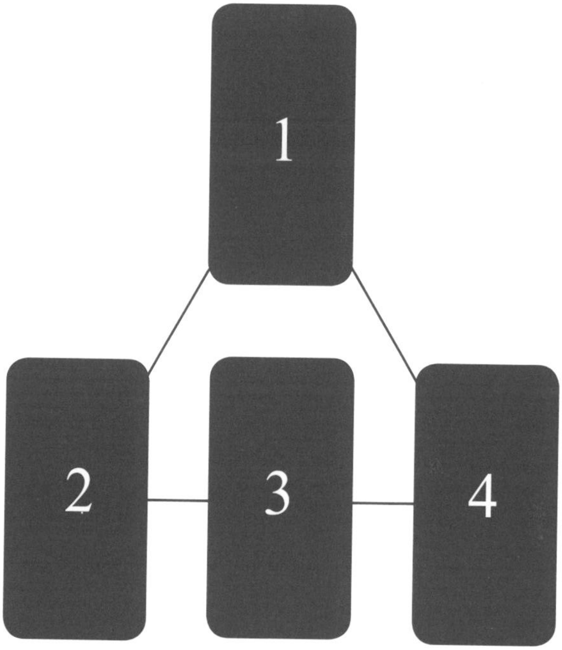

1. 代表你現在的心情或感覺。
2. 代表你碰到的阻礙、煩惱、問題。
3. 代表此問題對未來的影響。
4. 代表你最終的選擇、最終的結果。

情境假設

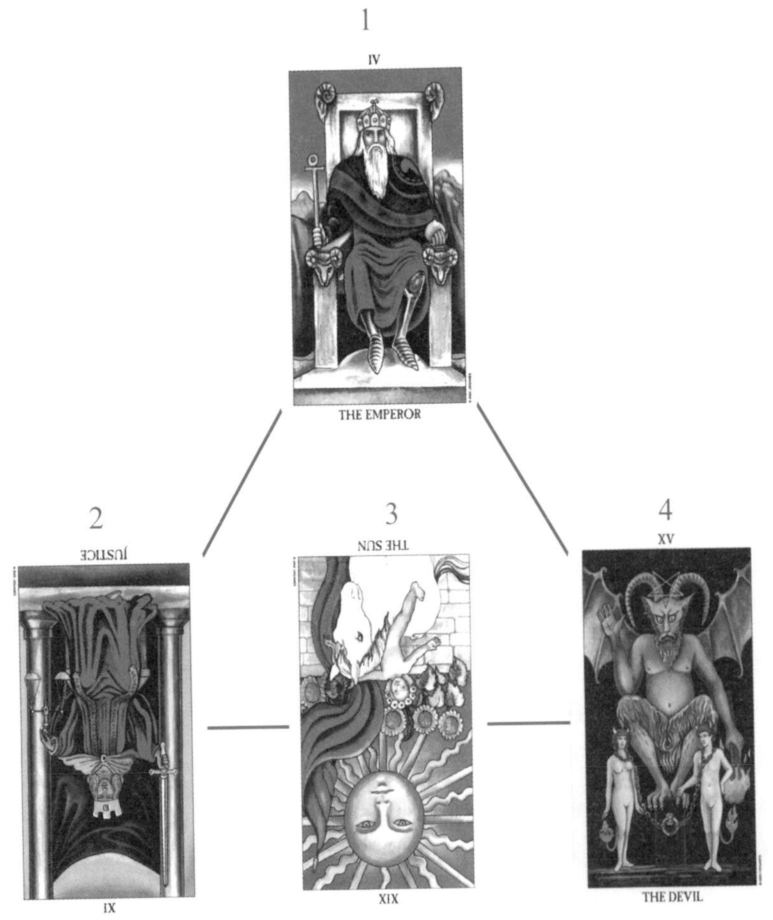

牌陣解析

1.代表你現在的心情或感覺？

抽到皇帝牌正位，代表你現在對這段感情是想掌握的（因為牌中主角握著球體），你現階段想領導（因此牌為皇帝）這段感情，希望對方都能多聽你的意見與想法。你現在還是信任對方的（因為主角後面有山，山代表信賴與依靠），而且你也會希望這段感情是可以繼續走下去的（因為牌面是正位，正位代表是好的也可指渴求）。

2.代表你碰到的阻礙、煩惱、問題。

抽到正義牌逆位，代表你過去有謊言，或者隱藏了一些事情被揭發（逆位來看簾幕往下掀，暗指某件事情被揭露），此外你們雙方都會彼此計較（天秤倒過來代表不平衡）誰愛誰比較多。

3.代表此問題對未來的影響。

抽到太陽牌逆位，代表你對他不夠坦誠（逆位時紅色旗幟往下掉遮住主角，代表有些事情是不夠坦白，或者不夠坦誠），你對他也不天真（心機頗深），很多事情都會隱藏起來，你們沒有希望沒有未來，你們未來會有第三者介入（主角腿劈開代表劈腿）。

4.代表你最終的選擇、最終的結果。

最終你們是不會有結果的，因為此牌為惡魔牌正位，這段感情可能會有三角習題（主角惡魔腳踏兩個人，代表腳踏兩條船）。你最終的選擇是被困住的（惡魔拿著鐵鍊套住一男一女），不知如何是好。建議不妨脫離這個人，你的生活才能得到解套（解開鐵鍊）。

塔羅牌牌陣

十二月運勢牌陣

抽法：隨意抽十二張，排成如下圖所示。

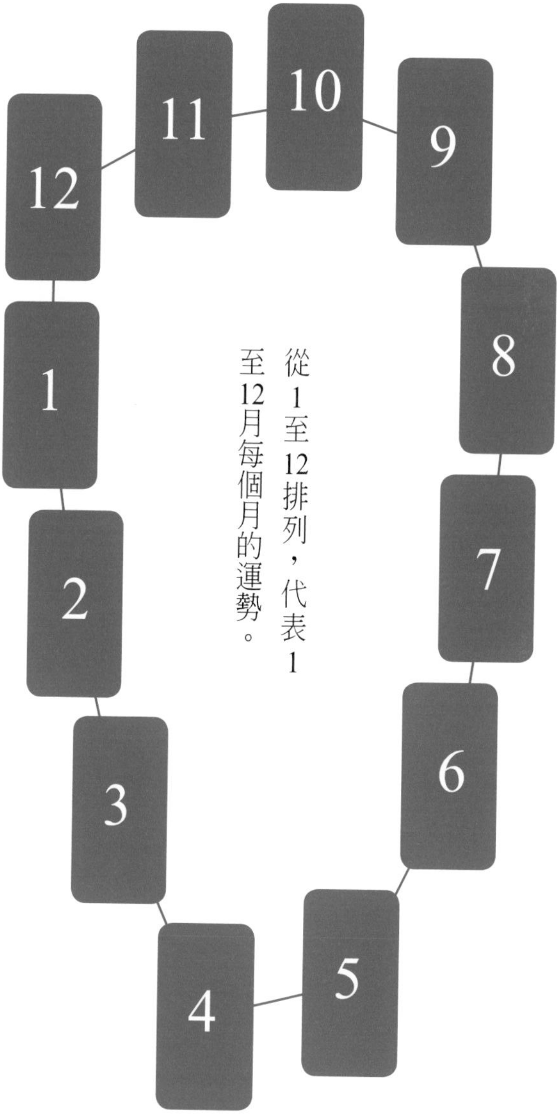

情境假設

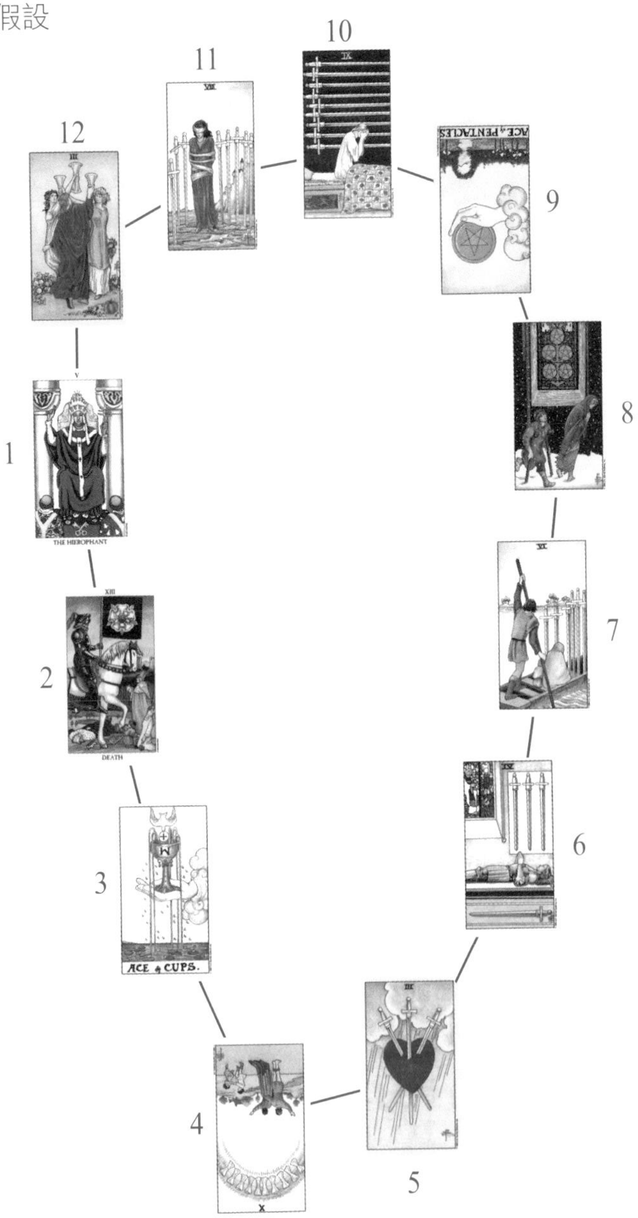

牌陣解析

第一張代表第一個月，抽到教皇牌正位：

代表王冠代表地位；王冠上的寶石代表富裕，所以本月你會有財，建議你可以投資。

第二張代表第二個月，抽到死神牌正位：

本月小心傳染病、很多事情無法順心如意。

第三張代表第三個月，抽到聖杯ACE牌正位：

牌中有喜鵲飛來，代表本月將有桃花到來；牌中杯裡有水不斷冒出，代表有源源不絕的創意與想法。

第四張代表第四個月，抽到聖杯十逆位：

牌中小孩與大人都通通倒過來，象徵家中感情失和或者家中易有爭吵。

第五張代表第五個月，抽到寶劍三正位：

工作與感情不順利的這個月，將容易讓你有痛心的事件發生。譬如說：工作犯小人、感情有第三者介入……。

第六張代表第六個月，抽到寶劍四正位：

主角躺在床上，代表本月你很想過悠閒的生活，或者休息一下，也很想釋放壓力。

第七張代表第七個月，抽到寶劍六正位：

主角搭船，代表本月你很有出國遊玩的機會。

第八張代表第八個月，抽到錢幣五正位：

本月工作低潮，在感情中容易倍感空虛、倍感空寂。

第九張代表第九個月，抽到錢幣ACE逆位：

牌面顯示逆位，錢幣往下掉，代表本月你會損失錢財，或者錢財存不住，亂花錢。

第十張代表第十個月，抽到寶劍九正位：

本月易失眠或者噩夢連連，某事或者投資難有好的結果。

第十一張代表第十一個月，抽到寶劍八正位：

本月工作雜事很多，無法有足夠空間喘息。除此之外，你的事業與感情都將面臨瓶頸。

第十二張代表第十二個月，抽到聖杯三正位：

上個月雖然不好，但恭喜你！上個月的問題將在本月獲得解決。牌中主角開心的手舞足蹈著，代表你將會有個愉悅的慶祝。

塔羅牌牌陣

友誼牌陣（簡稱長方形牌陣）

隨易抽六張依照以下次序排列

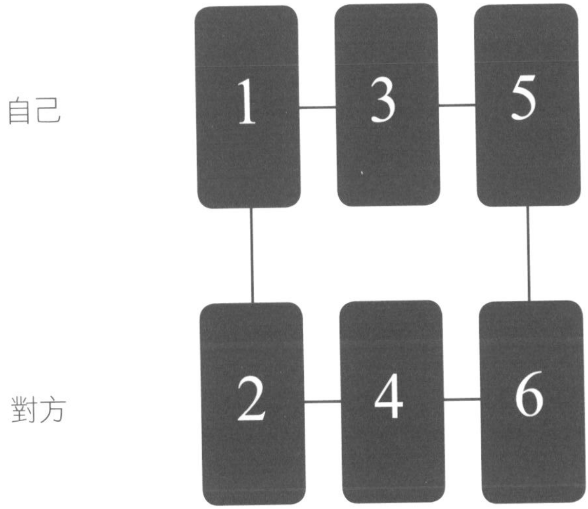

1. 你目前對於對方的看法與想法。
2. 對方目前對你的看法與想法。
3. 你認為目前雙方的關係是如何。
4. 對方認為目前雙方的關係如何。
5. 你對未來雙方感情的期望與期待。
6. 對方對未來雙方感情的期望與期待。

情境假設

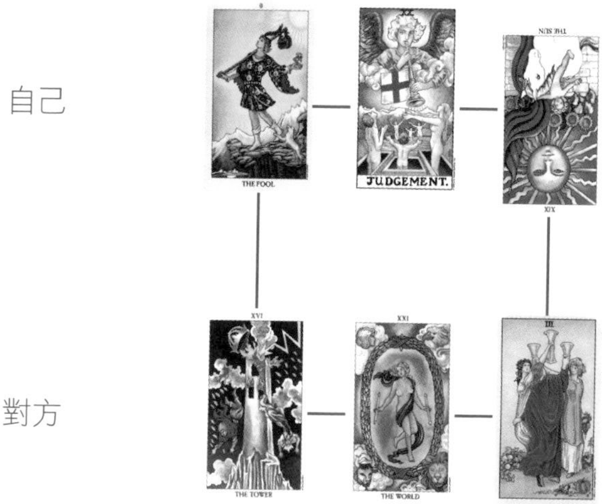

第 1 張：抽到愚者牌正位

第 2 張：抽到高塔牌正位

第 3 張：抽到審判牌正位

第 4 張：抽到世界牌正位

第 5 張：抽到太陽牌逆位

第 6 張：抽到聖杯三正位

牌陣解析

第一張：你目前對於對方的看法與想法。

抽到愚者牌正位，代表對方覺得你是一位孩子氣、天真、不受羈絆、率性、懵懂、無憂無慮、樂觀、不拘小節的人。

第二張：對方目前對你的看法與想法。

抽到高塔牌正位，代表對方感覺你是一位反覆不定、墮落、善變、性情火爆的人。

第三張：你認為目前雙方的關係是如何。

抽到審判牌正位，代表你認為目前的關係是可以到身心靈進化層面，雙方都能像號角的十字架一樣得到心靈的慰藉，能開啟感情的智慧。

第四張：對方認為目前雙方的關係如何。

抽到世界牌正位，代表對方認為和你在一起，有相互依賴的感覺，和你在一起能達到很放鬆，很輕鬆的感覺。對方也認為你們的關係沒有任何牽絆，感情熱度與溫度已經達到昇華的階段（因女神升天飛舞）。

第五張：你對未來雙方感情的期望與期待。

抽到壞的牌義，要往好的方向解，因為此問題是期望與期待，沒有人對於期望是壞的或遭的。抽到太陽牌逆位（要以太陽牌正位來看）代表，你希望和他是有希望的，你期待這段感情是充滿熱情與生命力的。

第六張：對方對未來雙方感情的期望與期待。

抽到聖杯三正位，代表對方希望這段感情是備受祝福的，也希望和你在一起能持續保持歡愉的心（牌中主角手舞足蹈地跳著），也能夠為未來的生活帶來一些豐盛的潤滑（牌中有果實）。

塔羅牌牌陣

尋找對象牌陣（俗稱 x 形牌陣）

隨意抽五張依照以下次序排列

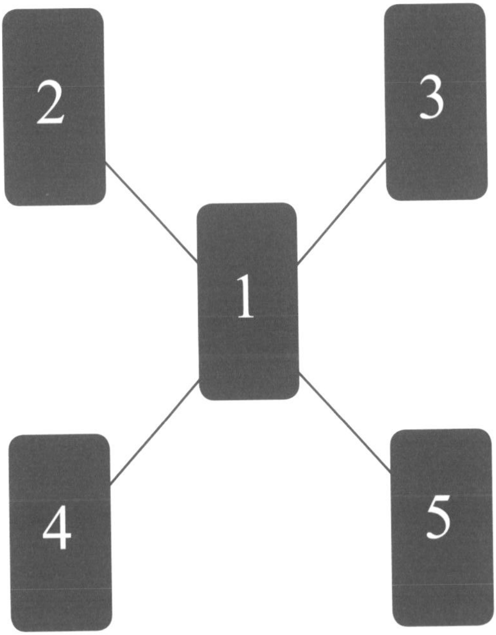

1. 你現在的心情、情境是如何。
2. 你希望追求的對象是哪一種類型。
3. 你不喜歡的對象是哪一種類型。
4. 要採取怎樣的行動擄獲對方的心。
5. 最終結果與發展。

情境假設

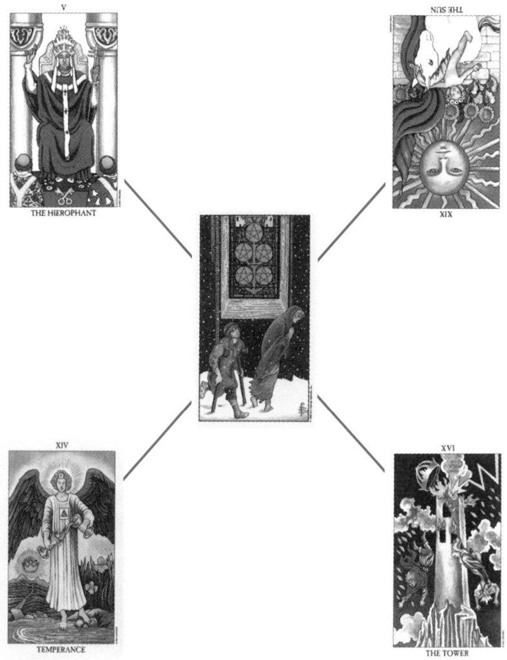

第 1 張：抽到錢幣五正位

第 2 張：抽到教皇牌正位

第 3 張：抽到太陽牌逆位

第 4 張：抽到節制牌正位

第 5 張：抽到高塔牌正位

牌陣解析

第一張：你現在的心情、情境是如何。

抽到錢幣五正位，代表你目前在感情上是倍感孤單與寒冷的（牌中的牆是教堂，主角站在教堂外冷風寒雪中行走，代表空寂）。你很渴望有一段好的戀情（很希望進入教堂躲風雪），但目前來看是很難的（因為你錯過教堂一直行走）。

第二張：你希望追求對象是哪類型。

抽到教皇牌正位，代表你很希望出現一位可以談心，及擅於溝通與表達的人（牌中有兩把鑰匙，代表心靈的溝通與交流）。

第三張：你不喜歡的對象是哪類型。

抽到太陽牌逆位，代表你不希望出現會劈腿與不坦誠的人。

（註：假設抽到好的牌義，在解析的過程中也要說不好的牌義，因為問題是問不喜歡的對象，不是問喜歡的對象。）

第四張：要採取怎樣的行動屢獲對方的心。

抽到節制牌正位，代表你在追求一段感情時，你要保持積極進取（牌中主角火紅色的翅膀，代表積極進取），你要維持與對方的熱度與溫度（主角右腳踏入池水中，能體會到水池的溫度與熱度）。你未來在追求另一半時，必須要增加心靈層面，才能擄獲對方的心。

第五張：最終結果與發展。

抽到高塔牌正位，代表在三個月內你都還是無法出現好的對象（牌中高塔被雷擊中）。

塔羅牌牌陣

婚姻牌陣（俗稱風車形牌陣）

隨意抽七張依照以下次序排列

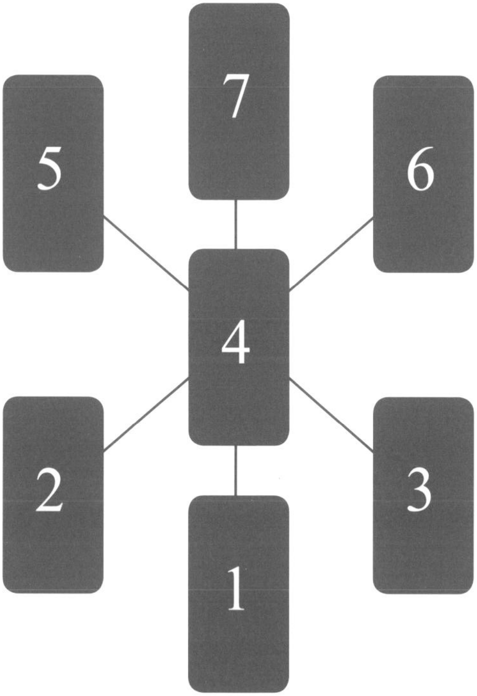

1. 代表自己。
2. 過去的婚姻狀況。
3. 現在的婚姻狀況。
4. 婚姻所碰到的問題與困擾。
5. 對婚姻的期望。
6. 對婚姻的恐懼與害怕。
7. 未來的發展、最終的結果。

情境假設

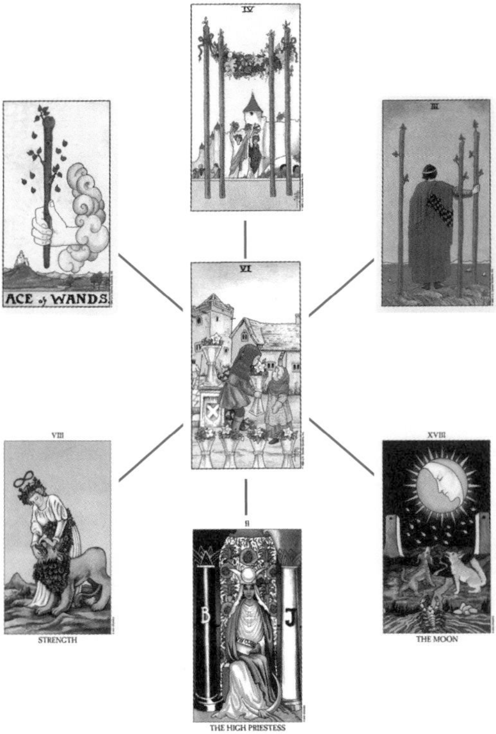

第 1 張：抽到女祭司正位

第 2 張：抽到力量牌正位

第 3 張：抽到月亮牌正位

第 4 張：抽到聖杯六正位

第 5 張：抽到權杖 ACE 正位

第 6 張：抽到權杖三正位

第 7 張：抽到權杖四正位

牌陣解析

第一張：代表自己

抽到女祭司正位，代表你面對婚姻是一位很有智慧、具有強烈的直覺力與判斷能力的，你面對婚姻的態度，是一位很有原則，也很有規律的人。

第二張：過去的婚姻狀況

抽到力量牌正位，過去的婚姻狀況，你是一位會體貼、呵護對方的人，你會用內在智慧面對這段感情，同時你也會馴服對方，同時你也是很有耐心地包容這段感情，遇見瓶頸時都能克服。

第三張：現在的婚姻狀況

抽到月亮牌正位，代表你對這段感情是迷惘的（月色朦朧），你和對方有所距離感。你也猜不透（塔裡到底隱藏什麼）對方在想些什麼。你對這段感情是恐懼，而且是害怕的，此外你在這段感情中，你也會很辛苦（螯蝦爬出水面在地面行走）。

第四張：婚姻所碰到的問題與困擾

抽到聖杯六正位，此問題是問你碰到的問題與困擾，牌中抽到雖然是正位，顯示沒有什麼困擾，但你必須要將牌以逆位方向解析，這樣才能解出問題與困擾。你其實會一直去想著，過去和他的美好回憶、並且懷念過去，也會認為他過去對你比較好，現在的你認為對方無法再給你呵護與照顧了。

第五張：對婚姻的期望

抽到權杖ACE正位，代表你期望能牢牢抓住另一半，希望你們的感情，像牌中權杖上的葉子一般往上昇華。

第六張：對婚姻的恐懼與害怕

此問題在解析過程，雖然抽到權杖三正位代表是好的，沒有任何恐懼與害怕的事。但是你在解析時，要以逆位負面的牌義來解析，才能符合到牌義。解析抽到權杖三正位（以權杖三逆位看），代表你害怕自己在婚姻上不是領導者，不能掌握行動力和控制權，而且你也害怕自己無法實施任何感情計劃。

第七張：未來的發展、最終的結果

抽到權杖四正位，代表未來發展是好的，你很想要一個家（因為有城堡），在這感情上你也會希望有個豐厚（因牌中有果子）的成果，感情會節節高昇（牌中權杖一節比一節高）代表越來越好。

塔羅牌每張紙牌都有牌義，占卜者須熟悉牌義，才能替人占卜，每張紙牌抽出時，皆有正位與逆位，其正逆位皆有不同牌義，占卜者必須留意抽出紙牌的方位，若方位不正確解讀的結果，將會與你相差甚遠。

塔羅牌占卜過程中，占卜者必須專心致志，若你是用倔傲無禮的態度，占卜結果將會與你背道而馳。占卜環境若無法使問卜者屏氣凝神，建議你更換占卜環境，以求占卜結果的準確性。塔羅牌著重在過程，過程中只要你能鉅細靡遺，將能到達算無遺策的最高境界。

高寶書版集團
gobooks.com.tw

NW 133
小孟老師的塔羅社會檔案：78張塔羅牌預言的人生故事

作　　者　小孟老師
編　　輯　段芊卉
校　　對　蘇芳毓、楊玲宜
美　　編　蕭旭芳
排　　版　趙小芳、彭立瑋
出　　版　英屬維京群島商高寶國際有限公司台灣分公司
　　　　　Global Group Holdings, Ltd.
地　　址　台北市內湖區洲子街88號3樓
網　　址　gobooks.com.tw
電　　話　(02) 27992788
電　　郵　readers@gobooks.com.tw（讀者服務部）
　　　　　pr@gobooks.com.tw（公關諮詢部）
傳　　真　出版部 (02) 27990909　行銷部 (02) 27993088
郵政劃撥　19394552
戶　　名　英屬維京群島商高寶國際有限公司台灣分公司
發　　行　希代多媒體書版股份有限公司/Printed in Taiwan
初版日期　2012年10月

本書所引用之塔羅牌是由U.S GAMES ,INC.出版之Universal Waite Tarot Deck

國家圖書館出版品預行編目(CIP)資料

小孟老師的塔羅社會檔案：78張塔羅牌預言的人生故事
/ 小孟老師作. -- 初版. -- 臺北市：高寶國際出版：
希代多媒體發行, 2012.10
　面；　公分. -- (新視野；NW 133)
ISBN 978-986-185-770-1((平裝)
1.占卜
292.96　　　　101019981